सनातन सागर

कविताओं में हिन्दू ग्रंथ एवं दर्शन शास्त्र

डॉ मुकेश अग्रवाल

अनुक्रम

अन्य महत्वपूर्ण हिन्दू शास्त्र 244

मन की बात

"**सनातन सागर** – हिन्दू धर्म ग्रंथों का परिचय और उन पर कविताएं" नामक यह पुस्तक मेरे हृदय की अभिव्यक्ति है, जो उस विशाल और गहरे आध्यात्मिक सागर से प्रेरित है, जिसे हम हिन्दू धर्म कहते हैं। यह धर्म, अपने सभी आयामों में, एक अत्यंत समृद्ध और विस्तृत ज्ञान का भंडार है, जो हजारों वर्षों से मानवता के लिए मार्गदर्शन और प्रेरणा का स्रोत रहा है। इस पुस्तक में मैंने उन प्रमुख धार्मिक ग्रंथों पर आधारित कविताओं का संकलन किया है, जो हिन्दू धर्म के प्राचीन और गहन ज्ञान को सरल, सजीव, और काव्यात्मक रूप में प्रस्तुत करती हैं।

वेदों से लेकर उपनिषदों, पुराणों, महाकाव्यों, दर्शन शास्त्रों, और तंत्र शास्त्रों तक, प्रत्येक ग्रंथ में जीवन, ब्रह्मांड, आत्मा, और परमात्मा के बारे में गहन अंतर्दृष्टि दी गई है। ये ग्रंथ न केवल धार्मिक आस्थाओं को पोषित करते हैं, बल्कि जीवन की हर दिशा –धर्म, अर्थ, काम, और मोक्ष–के संतुलन को भी समझाते हैं। मेरी कविताओं का उद्देश्य इन ग्रंथों में निहित संदेश को काव्य की सुंदरता और गहराई के साथ प्रस्तुत करना है, ताकि पाठक इन्हें न केवल समझ सकें, बल्कि अपने जीवन में आत्मसात कर सकें।

इस पुस्तक की रचना की प्रेरणा मुझे प्राचीन ऋषियों, मुनियों और आचार्यों से मिली, जिन्होंने अपने तप, साधना और ज्ञान से इन धर्मग्रंथों का सृजन किया। उनका जीवन और उनकी शिक्षा सदियों से मानवता के लिए दीपस्तंभ रही है, और मुझे यह सौभाग्य प्राप्त हुआ है कि मैं उनके विचारों को अपनी कविताओं के माध्यम से आप तक पहुँचा सकूं।

इस यात्रा में बहुत सी विभूतियों का सहयोग और समर्थन रहा है, उनका आभार व्यक्त करना मैं अपना कर्तव्य समझता हूँ:

1. हमारे प्राचीन ऋषि-मुनियों का आभार:

सर्वप्रथम, उन दिव्य ऋषियों और मुनियों का आभार व्यक्त करता हूँ, जिनकी गहन साधना और तपस्या से हमें यह अमूल्य धर्मग्रंथ प्राप्त हुए। उनके ज्ञान की गहराई ने मानवता को आध्यात्मिक प्रकाश दिया है, और उन्हीं के कारण यह ज्ञान आज भी हमारे बीच जीवित है। उनकी तपस्या और शिक्षाओं का काव्यात्मक रूप से इस पुस्तक में वर्णन करना मेरे लिए एक महान सम्मान की बात है।

2. मेरे माता-पिता और परिवार का धन्यवाद:

मेरे माता-पिता, जिन्होंने बचपन से ही मुझे धर्म और संस्कृति की शिक्षा दी और सही मार्ग पर चलने की प्रेरणा दी, उनका मैं हृदय से आभारी हूँ। उनके आशीर्वाद और समर्थन के बिना, इस यात्रा को पूरा करना संभव नहीं था। इसके अलावा, मेरी धर्मपत्नी अनुराधा अग्रवाल और परिवार के अन्य सभी सदस्यों ने इस पुस्तक की रचना के दौरान मुझे धैर्य, सहयोग, और प्रेरणा प्रदान की। उनका समर्थन मेरे लिए अनमोल है।

3. मेरे गुरुजनों का आभार:

मेरे सभी गुरुजनों विशेष रूप से मेरे आध्यात्मिक गुरु वर्चस्वी श्री दिनेश कुमार (संस्थापक - सर्जन) जी को मैं आभार व्यक्त करना चाहता हूँ, जिन्होंने मुझे धर्म, दर्शन और जीवन के गूढ़ रहस्यों को समझने और उनका अभ्यास करने की शिक्षा दी। उनके मार्गदर्शन ने मुझे वेदों, उपनिषदों और पुराणों के गहन विचारों को

आत्मसात करने में मदद की। यह पुस्तक उनकी शिक्षाओं का ही प्रतिफल है।

4. पाठकों, सह-लेखकों और संपादक का आभार:
मैं उन सभी पाठकों, सह-लेखकों और संपादक का आभारी हूँ, जिन्होंने मेरी पूर्व रचनाओं को सराहा और इस पुस्तक के लिए उत्सुकता दिखाई। विशेष आभार मेरे सहयोगी विक्रांत तावसकर का जिसने पूरी निष्ठा से इसे पुस्तक रूप में अंजाम दिया। आप सब का प्रोत्साहन मेरे लिए प्रेरणा का स्रोत रहा है। आपकी प्रतिक्रियाएं और सुझाव हमेशा मुझे बेहतर लेखन की दिशा में आगे बढ़ने के लिए प्रेरित करते हैं।

5. प्रकृति और ईश्वर का आभार:
अंत में, मैं उस अदृश्य शक्ति, उस सर्वव्यापी ईश्वर का आभार व्यक्त करता हूँ, जिसने मुझे इस कार्य के लिए सक्षम बनाया। प्रकृति के विविध रूपों से लेकर ईश्वर की अनंत माया तक, सब कुछ मेरी प्रेरणा का स्रोत रहा है। इस पुस्तक की प्रत्येक कविता में उनकी अनुकंपा और आशीर्वाद की अनुभूति होती है। उन्होंने ही मुझे इस कार्य को पूरा करने की शक्ति और सामर्थ्य प्रदान की।

इस पुस्तक का उद्देश्य
"सनातन सागर" की कविताएं न केवल धार्मिक ग्रंथों का सार प्रस्तुत करती हैं, बल्कि वे पाठक को एक आध्यात्मिक यात्रा पर ले जाने का प्रयास करती हैं। यह पुस्तक उन सभी के लिए है, जो हिन्दू धर्म के गूढ़ रहस्यों को सरल और सजीव रूप में समझना चाहते हैं। मेरा विश्वास है कि इन कविताओं के माध्यम से आप न

केवल धर्मग्रंथों के संदेश को समझेंगे, बल्कि उन्हें अपने जीवन में भी आत्मसात करेंगे।

मैं आशा करता हूँ कि यह पुस्तक आपको आत्मिक शांति, ज्ञान, और प्रेरणा प्रदान करेगी और आपको अपने जीवन के उद्देश्य की ओर अग्रसर करने में सहायक सिद्ध होगी।

शुभकामनाओं के साथ,
डॉ. मुकेश अग्रवाल

वेद

चार वेदों को हिंदू धर्म के सबसे प्राचीन और पवित्र ग्रंथ माना जाता है। इनमें ज्ञान, कर्म, और उपासना के महत्वपूर्ण सिद्धांत दिए गए हैं।

1. ऋग्वेद: यह सबसे पुराना वेद है, जिसमें 10 मंडल और 1028 सूक्त हैं। इसमें प्रमुख रूप से देवताओं की स्तुतियाँ और यज्ञों में गाए जाने वाले मंत्र शामिल हैं। ऋग्वेद मुख्य रूप से प्राकृतिक शक्तियों जैसे अग्नि, इंद्र, वायु, आदि की उपासना पर केंद्रित है।

2. यजुर्वेद: यजुर्वेद में यज्ञ की विधियों और मंत्रों का वर्णन है। इसमें यज्ञों के लिए आवश्यक अनुष्ठान और बलिदान का विवरण दिया गया है। यजुर्वेद में गद्य और पद्य दोनों रूपों का प्रयोग होता है। इसे मुख्य रूप से दो भागों में बाँटा गया है: शुक्ल यजुर्वेद और कृष्ण यजुर्वेद।

3. सामवेद: सामवेद में संगीत के माध्यम से देवताओं की स्तुति की गई है। इसका मुख्य उद्देश्य यज्ञों में मंत्रों का गान करना है। सामवेद में ऋग्वेद के कुछ मंत्रों का ही संगीतमय रूप है, जिसे विशेष धुनों में गाया जाता है। यह वेद भारतीय शास्त्रीय संगीत का आधार माना जाता है।

4. अथर्ववेद: अथर्ववेद में जनसामान्य की जीवन शैली, स्वास्थ्य, चिकित्सा, और तंत्र-मंत्र का वर्णन है। इसमें जड़ी-बूटियों और औषधियों का ज्ञान भी मिलता है। इस वेद का उपयोग भौतिक और आध्यात्मिक समस्याओं के समाधान के लिए किया जाता है।

ये चारों वेद मिलकर वैदिक ज्ञान और भारतीय संस्कृति का आधार हैं।

ऋग्वेद का ऋत

ऋग्वेद की अनमोल ऋचाएँ,
जिसमें जीवन की सच्चाइयाँ बसी हैं,
प्राचीन ऋषियों का ज्ञान,
असीमित आकाश में तारे जैसे,
हर पंक्ति में गूंजती है,
सृष्टि के आरंभ की कहानी।

पृथ्वी की गोद में खेलते बच्चे,
सूरज की किरणों से लिपटी धरा,
जल की मधुर धारा में बहे,
हर जीव का अस्तित्व महकता,
ऋग्वेद ने बताया,
जीवित है हर कण में प्राण।

अग्नि का ताप,
सिर्फ जलाने के लिए नहीं,
बल्कि संगठित करने के लिए,
जो जोड़ता है परिवारों को,
बाँधता है संस्कृतियों को,
एकत्र करता है प्रार्थनाएँ।

ऋग्वेद का मंत्र,
एक आवाज है,
जिसमें गूंजती हैं मानवता की आकांक्षाएँ,
धर्म, सत्य, और न्याय की,
यह संवाद करता है सृष्टि से,
हर जीव के हृदय की गहराई से।

विज्ञान और अध्यात्म का संगम,
ज्ञान का स्रोत,
जो विचारों को उकेरता है,
संशय को मिटाता है,
दुखों को दूर करता है,
हर प्रश्न का उत्तर देता है।
जब हम पाते हैं अपने भीतर,
ऋग्वेद की गहराई,
हम समझते हैं अपने अस्तित्व को,
हमारे रिश्ते, हमारे भाव,
सभी जुड़े हुए हैं इस एक ताने में,
जो हमारी आत्मा का संगीत है।

ऋग्वेद की शिक्षाएँ,
हर युग में प्रासंगिक,
यह मानवता की धरोहर है,
जिसे हम सहेज कर रखेंगे,
इस ज्ञान के प्रकाश में,
बनाएँगे एक बेहतर संसार।

आओ, चलें इस पथ पर,
जहाँ प्रेम और सद्भाव की छाया हो,
जहाँ हर मनुष्य,
असली धन्य के रूप में,
बने सृष्टि का एक अनमोल हिस्सा,
ऋग्वेद की गूंज में,
गूंजती रहे हमारी एकता।

यजुर्वेद की अनुभूति

यजुर्वेद, शांति का मंत्र,
जिसमें छिपा है ज्ञान का सार,
प्रकृति और मानव का समर्पण,
एक अदृश्य बंधन का निर्माण करता।

कर्म की महिमा में निहित,
हर क्रिया में अनंत संभावनाएँ,
यज्ञ की अग्नि में जलते सपने,
संकल्पों की गूंज,
सृष्टि के हर कण में बहती।

यजुर्वेद की आवाज़,
संपूर्ण ब्रह्मांड का अनुग्रह,
आसमान की छांव में,
धरती की गोद में,
गूंजते हैं ऋषियों के मंत्र,
जो सिखाते हैं एकता का अर्थ।

अग्नि की लौ से रोशन,
प्रेम और समर्पण की शक्तियाँ,
धर्म और सत्य के मार्ग पर,
जिससे हम बढ़ते हैं,
अपने जीवन को संवारते हैं,
अपने कर्तव्यों को निभाते हैं।

यज्ञ की आहुति में समाहित,
हमारे विचार, हमारी इच्छाएँ,
प्रकृति के प्रति कृतज्ञता,
यजुर्वेद का संदेश है,
जीवित रहना एक-दूसरे के लिए।

संवेदनाओं की गहराई में,
जब हम अनुभव करते हैं,
इस अद्भुत ग्रंथ की शक्ति,
हम पाते हैं अपने अस्तित्व को,
हर संबंध में,
हर सांस में,
हर पल में।

यजुर्वेद हमें सिखाता है,
किस प्रकार जुड़ें हम अपनी जड़ों से,
किस तरह पहचाने अपने भीतर,
सच्चाई और प्रेम की छवि।

धारणाएँ, कर्म और संस्कार,
सभी मिलकर बनाते हैं जीवन का पथ,
यजुर्वेद की गूंज में,
हम सब मिलकर चलते हैं,
एकता के सूत्र में बंधे,
सर्वत्र प्रेम और शांति फैलाते।

इस ज्ञान की धारा में,
हम बनते हैं एक सशक्त समाज,
यजुर्वेद की शिक्षाएँ,
हमारे मन की गहराई में,
एक नया सवेरा लाए।

आओ, हम संकल्प लें,
हर दिन को बनाएं एक यज्ञ,
प्रेम और एकता का दीप जलाते,
यजुर्वेद के मार्ग पर,
आगे बढ़ें,
जीवन का सच्चा उत्सव मनाते।

सामवेद का संगीत

सामवेद, धुनों का सागर,
जिसमें लहराते हैं स्वर,
प्रकृति की हर आवाज़,
हर जीव की गूँज,
यहाँ जीवन का हर रंग,
एक संगम में बहे।

संगीत की आरंभिक धारा,
ज्योतिर्मय प्रकाश का आभास,
ऋषियों के मंत्र,
गूंजते हैं आसमान में,
सुरों के संग,
निर्माण करते हैं एक ब्रह्मांड।

सामवेद की गूंज,
कर्म के प्रति प्रेरणा,
हर यज्ञ की आहुति में,
उदित होते हैं स्वप्न,
एकता का बंधन,
साझा करते हैं हम सभी।

गीत और संगीत का जादू,
हर धड़कन में बसा,
संसार की धड़कन से,
जुड़ता है हमारा अस्तित्व,
सामवेद हमें सिखाता है,
कैसे गुनगुनाएँ, कैसे जियें।

प्रकृति की हर सृष्टि में,
संगीत का सामंजस्य छिपा है,

हर पत्ते की सरसराहट,
हर नदी की कलकल,
सामवेद की धुन में,
पाता है जीवन का संगीत।

यज्ञ की अग्नि में जलते,
नृत्य करते हैं सपने,
सामवेद की आहुति में,
हम देते हैं अपने हृदय की गहराई,
संगीत की तरंगों में,
नृत्य करते हैं जीवित।

कभी गाती है प्रेम की बातें,
कभी संगम की महिमा,
सामवेद का संगीत,
हमें जोड़ता है अनंत से,
जहाँ पर हम सब एक हैं,
एक धुन में बहे।

सामवेद का अर्थ है,
हर जीव का सच्चा संबोधन,
हम सब मिलकर गाएँ,
प्रेम, शांति, और सद्भाव की धुन,
आओ, हम सब मिलकर गाएं,
इस संगीत में खो जाएँ।

यह संगीत है,
सर्वधर्म का संगम,
यहाँ सभी मिलते हैं,
एक साथ, एक सुर में,
सामवेद की लय में,
बुनते हैं एक नया जीवन।

अथर्ववेद का ज्ञान

अथर्ववेद, जीवन का सहारा,
जिसमें बसी हैं अनगिनत कहानियाँ,
संभावनाओं का आलिंगन,
और साधारण की महानता,
यहाँ विज्ञान और रहस्य का मिश्रण,
गूंजता है मानवता के हृदय में।

यह वेद, केवल मंत्रों का संग्रह नहीं,
बल्कि जीवन का एक विस्तृत मानचित्र,
जिसमें छिपी हैं समस्याओं के समाधान,
प्रकृति के संग,
व्यक्ति की पहचान,
और समाज का समृद्धि का मार्ग।

औषधियों के ज्ञान में लिपटा,
यह हमें सिखाता है स्वास्थ्य का महत्व,
हर बीज में, हर जड़ी-बूटी में,
बसी है सृष्टि की दवा,
अथर्ववेद के शब्दों में,
गूंजती है जीवन की सच्चाई।

संवेदनाओं का आदान-प्रदान,
यहाँ प्रेम की गूंज है,
संबंधों की मधुरता,
जो बुनती है जीवन का ताना-बाना,

संरक्षण और समर्पण का संदेश,
यहाँ प्रेम की हर धुन गुनगुनाती है।
अथर्ववेद की रचना,
सिर्फ यज्ञों और मंत्रों की नहीं,
बल्कि यह है व्यक्ति के हर पहलू की बात,
धर्म और अर्थ के बीच का संतुलन,
शांति और समृद्धि की खोज में,
एक मार्गदर्शक के रूप में खड़ा।

कभी यह रहस्योद्घाटन करता,
कभी मंत्रों के रूप में प्रस्तुत होता,
सभी से जुड़ता,
सबके लिए खड़ा,
सभी के दुख-दर्द का साथी,
अथर्ववेद का संदेश है मानवता का।

समाज की बुनियाद में,
बसी हैं इसकी शिक्षाएँ,
यह हमें सिखाता है,
कैसे उठें, कैसे बढ़ें,
किस तरह गले लगाएँ,
दूसरों के दुखों को,
संवेदनशीलता के साथ।

यहाँ ध्यान और साधना,
जीवन के हर क्षण को पवित्र बनाती,
धर्म और अध्यात्म का संगम,

मन को शांति और आत्मा को प्रकाश देती।
अथर्ववेद का ज्ञान,
हमारी पहचान को उजागर करता है।

आओ, हम संकल्प लें,
इस वेद की शिक्षाओं को अपनाएँ,
अपने जीवन में लाएँ,
प्रेम, स्वास्थ्य और एकता का आलिंगन,
अथर्ववेद के प्रकाश में,
हम सभी मिलकर बढ़ें,
एक सुंदर, समृद्ध और स्वस्थ जीवन की ओर।

उपवेद

चार उपवेद, वेदों के पूरक ग्रंथ माने जाते हैं, जो जीवन के विभिन्न पहलुओं से संबंधित हैं।

1. आयुर्वेद (ऋग्वेद का उपवेद): महर्षि सुश्रुत आयुर्वेद को अथर्ववेद का उपवेद मानते हैं। आयुर्वेद स्वास्थ्य और चिकित्सा विज्ञान पर आधारित है। इसमें शरीर, मन, और आत्मा के संतुलन को बनाए रखने के लिए जड़ी-बूटियों, आहार, दिनचर्या, और चिकित्सा पद्धतियों का वर्णन किया गया है। यह भारतीय चिकित्सा प्रणाली का मूल है और इसका उद्देश्य "स्वास्थ्य की रक्षा" और "बीमारियों का उपचार" है।

2. धनुर्वेद (यजुर्वेद का उपवेद): धनुर्वेद युद्धकला और हथियारों के विज्ञान से संबंधित है। इसमें धनुष-बाण, तलवार, गदा, आदि शस्त्रों के उपयोग और युद्ध की रणनीतियों का विवरण मिलता है। यह प्राचीन समय में योद्धाओं के प्रशिक्षण और युद्ध की विभिन्न विधियों पर केंद्रित था।

3. गंधर्ववेद (सामवेद का उपवेद): गंधर्ववेद संगीत, नृत्य, और कला का विज्ञान है। यह वेद भारतीय शास्त्रीय संगीत और कला की उत्पत्ति से संबंधित है। इसमें संगीत के विभिन्न स्वर, राग, और तालों का वर्णन है, जो मानसिक शांति और आध्यात्मिक उन्नति में सहायक माने जाते हैं।

4. शिल्पवेद (अथर्ववेद का उपवेद): प्राचीन भारतीय ज्ञान का एक हिस्सा है, जो वास्तुकला, मूर्तिकला, शिल्पकला, और विभिन्न कलात्मक शिल्पों से संबंधित है। यह उपवेद मुख्य रूप से स्थापत्य शास्त्र (वास्तुकला) और शिल्पकला का विवरण देता है।

इन उपवेदों का अध्ययन व्यक्ति के शारीरिक, मानसिक, सांस्कृतिक, और सामाजिक विकास में महत्वपूर्ण भूमिका निभाता है

आयुर्वेद की गहराई

आयुर्वेद, जीवन का अद्भुत विज्ञान,
जिसमें छिपा है स्वास्थ्य का रहस्य,
प्राचीन ज्ञान की धरोहर,
जो सिखाता है,
जीवन के हर पहलू को समग्रता से जीना।

प्रकृति के साथ एक रिश्ता,
हर तत्व का महत्व,
जल, पृथ्वी, अग्नि, वायु,
इनसे जुड़ी हैं हमारी संवेदनाएँ,
हर बीमारी का इलाज,
इनकी संतुलन में निहित है।

सर्वांगीण स्वास्थ्य की परिभाषा,
शारीरिक, मानसिक, और आध्यात्मिक,
सभी को मिलाकर चलता है,
आयुर्वेद का ये मधुर संगीत,
जो हमें सिखाता है,
स्वयं को जानना, समझना।

जड़ी-बूटियों का जादू,
हर एक में छिपा एक किस्सा,
कभी तुलसी की पत्तियाँ,
कभी हल्दी का रंग,
प्रकृति का ये उपहार,
हमारे स्वास्थ्य का आधार।

संवेदनाओं की गहराई में,
आयुर्वेद का ज्ञान,
कभी ध्यान, कभी योग,

कभी प्राणायाम की शांति,
हर अभ्यास में छिपा है,
हमारे जीवन का सार।

दुखों और बीमारियों का हल,
न केवल दवाओं में,
बल्कि आहार,
व्यवहार और सोच में,
आयुर्वेद का संदेश है,
एक संतुलित जीवन जीने का।

समय की धारा में,
जब हम भागते हैं,
आयुर्वेद की धीमी लय,
हमें याद दिलाती है,
रुकने और देखने का महत्व,
अपने भीतर की गहराई में उतरने का।

हम सब एक हैं,
प्रकृति के साथ जुड़कर,
आयुर्वेद का ज्ञान,
हमें सिखाता है,
कैसे सहेजे अपने स्वास्थ्य को,
कैसे बनाएँ जीवन को एक उत्सव।

आओ, इस ज्ञान को अपनाएँ,
आयुर्वेद की राह पर चलें,
हर दिन एक नई शुरुआत,
स्वास्थ्य की ओर एक कदम,
जीवन की सच्ची खुशियों को खोजें,
आयुर्वेद के आलोक में,
हम एक स्वस्थ, समृद्ध भविष्य की ओर बढ़ें।

धनुर्वेद का विज्ञान

धनुर्वेद, कला का अद्भुत माध्यम,
धनुष की तान में बसी है शक्ति,
हर तीर एक कहानी कहता है,
एक लक्ष्य की ओर बढ़ते कदम,
कौशल और धैर्य की मिलन बिंदु।

प्राचीन युद्धों की गूंज,
युवाओं के उत्साह की लहर,
यह केवल अस्त्र-शस्त्र का ज्ञान नहीं,
बल्कि मानसिक और शारीरिक संयम का पाठ,
जो सिखाता है,
किस प्रकार अपने डर को जीतें।

धनुर्वेद का विज्ञान,
एकाग्रता की कला,
मन के शांत करने की विधि,
हर तीर में,
हर लक्ष्य में,
छिपा है हमारी मेहनत का फल।

शारीरिक स्वास्थ्य और मानसिक शक्ति,
इनका सामंजस्य धनुर्वेद का आधार,
धनुष की रेशमी कन्त्री में,
छिपा है समर्पण का संदेश,
सचेत रहना,
हर क्षण सजग रहना।

युद्धभूमि का उन्माद,

धनुर्वेद का जीवनदायिनी स्वर,
कभी आक्रामक, कभी रक्षात्मक,
हर स्थिति में धैर्य,
हर स्थिति में सजगता,
सिर्फ बाण नहीं,
बल्कि सोच की भी आवश्यकता।

आत्म-विश्वास की छाया,
जिससे हर तीर चले सही दिशा में,
सिखाता है धनुर्वेद हमें,
कैसे बनें हम अपने जीवन के धनुर्धर,
न केवल शारीरिक युद्ध में,
बल्कि जीवन की चुनौतियों में भी।

धनुर्वेद की यह कला,
आधुनिकता की दुनिया में,
खुद को खोजने का एक रास्ता,
जहाँ हर एक बाण,
हर एक संघर्ष,
बनता है हमें और मजबूत।

आओ, हम इस ज्ञान को अपनाएँ,
धनुर्वेद के मार्ग पर चलें,
शक्तिशाली बनें,
अपनी क्षमताओं को पहचानें,
हर लक्ष्य को छूने का साहस जुटाएँ,
जीवन की इस धनुर्वेद यात्रा में,
हम सब मिलकर आगे बढ़ें,
एक नए सवेरे की ओर।

गान्धर्ववेद का राग

गान्धर्ववेद, संगीत का अनुपम संसार,
जहाँ स्वर लहराते हैं,
प्रकृति की हर धड़कन में बसा है,
संगीत का जादू,
जो छूता है आत्मा को,
हर धुन में बहे प्रेम और शांति।

सुरों की मिठास में,
छिपी है जीवन की सार्थकता,
संगीत केवल एक कला नहीं,
बल्कि आत्मा की अभिव्यक्ति है,
सभी भावनाओं का संगम,
एकता का गान।

रागों की लहर में,
संसार की हर रंगीन कहानी,
गान्धर्ववेद की रचना में,
छिपी है मानवता की गूंज,
सुख-दुख, प्रेम-नफरत,
हर भाव की अभिव्यक्ति।

धुनें लिपटी हैं प्राकृतिक ध्वनियों में,
पत्तों की सरसराहट,
नदियों की कलकल,
गान्धर्ववेद हमें सिखाता है,
कैसे गुनगुनाएँ जीवन के हर क्षण,
कैसे सजाएँ हर दिन को संगीत से।

संगीत का यह अमृत,
जिसमें बसी है शांति,
प्रेम के प्रत्येक स्वर में,
हम खोजते हैं अपना अस्तित्व,
धुन की गहराई में,
संगीत की लय में।

गान्धर्ववेद की सृष्टि,
संगीत की साधना,
न केवल श्रोता के लिए,
बल्कि कलाकार के लिए भी,
जिसमें बसी हैं संवेदनाएँ,
जो गुनगुनाती हैं हर दिल में।

आओ, हम इस ज्ञान का आलिंगन करें,
गान्धर्ववेद के सुरों में खो जाएँ,
अपने मन की आवाज़ को पहचानें,
जीवन के हर मोड़ पर,
संगीत के रंगों से भर दें,
अपने अस्तित्व को,
संगीत के इस अद्भुत संसार में।

यहां हर राग की एक कहानी है,
हर धुन में एक सपना,
गान्धर्ववेद का यह सफर,
हमें ले जाए एक नई ऊँचाई पर,
जहाँ संगीत के माध्यम से,
हम सब मिलकर एक हो सकें,
जीवन के इस संगीत में,
हम सब एक सुर में गाएँ।

शिल्पवेद का निर्माण

शिल्पवेद, कलाओं का अमृत,
जहाँ हर कृति में बसी है आत्मा,
सृजन की महक,
संपूर्णता का स्वरूप,
यहाँ एक पत्थर नहीं,
बल्कि विचारों का गहना है।

कला की विविधता,
शिल्प का अद्वितीय अनुभव,
कभी काष्ठ से, कभी धातु से,
हर एक तत्व में छिपा है जीवन,
गुणवत्ता और स्थिरता का मिलन,
संवेदनाओं का हर रंग बिखेरता।

शिल्प का यह शास्त्र,
निर्माण का विज्ञान,
जो हमें सिखाता है,
कैसे जोड़ें हर टुकड़ा,
किस तरह बनाएँ संतुलन,
एक संपूर्ण रचना की ओर।

हर कृति एक कहानी कहती है,
बिजली की चमक से लेकर,
मिट्टी की सादगी तक,
शिल्पवेद में बसी हैं,
संस्कृति और इतिहास की धड़कनें,
जिससे जुड़े हैं हमारे पुरखों के सपने।

शिल्प की कला,
न केवल दृष्टि का आनंद,
बल्कि मन का विस्तार,
हर हथेली की छाप में,
हर रचना में,
बसी है हमारी पहचान।

आवश्यकता की वस्तु नहीं,
यह है मानवता की संवेदनशीलता,
जो विकसित होती है,
हर काल, हर युग के साथ,
सृजन की अद्भुत प्रक्रिया में,
जहाँ हम सब मिलकर बनते हैं।

हम शिल्प की कड़ी को जोड़ते हैं,
संगठित करते हैं अपने विचारों को,
बनाते हैं हर रचना को जीवंत,
संगठित करते हैं हमारे सपनों को,
शिल्पवेद के सिद्धांतों पर चलते,
जीवन के हर रंग में रंगते।

आओ, हम इस ज्ञान को अपनाएँ,
शिल्पवेद की रचनाओं में खो जाएँ,
हर टुकड़े को प्यार से संजोएँ,
अपने जीवन को एक नई दिशा दें,
शिल्प के इस अद्भुत यात्रा में,
हम सब मिलकर नया इतिहास बनाएँ।

वेदांग

वेदों के अध्ययन और समझ को सरल बनाने के लिए वेदांगों का महत्वपूर्ण स्थान है। वेदांग छह सहायक शास्त्र हैं, जो वेदों के सही अध्ययन, अनुष्ठान, और व्याख्या में सहायक होते हैं। इनका संक्षिप्त परिचय इस प्रकार है:

1. शिक्षा: शिक्षा का संबंध वेदों के सही उच्चारण से है। इसमें स्वर, वर्ण, और उच्चारण के नियमों का अध्ययन किया जाता है ताकि वेदों का पाठ शुद्ध और सही तरीके से हो सके। इसका उद्देश्य वेदों के मंत्रों के उच्चारण की शुद्धता को बनाए रखना है। शिक्षा वेदों के उच्चारण, मात्रा, स्वर, और सन्धि का विवरण देती है।

2. कल्प: कल्प वेदों में वर्णित यज्ञों, अनुष्ठानों और विधियों का विस्तार से वर्णन करता है। इसमें विभिन्न यज्ञों और अनुष्ठानों के नियमों और प्रक्रियाओं की व्याख्या की गई है। इसके चार प्रमुख अंग हैं – श्रौतसूत्र, गृह्यसूत्र, धर्मसूत्र, और शुल्बसूत्र, जो धार्मिक अनुष्ठानों, गृहस्थ जीवन, और सामाजिक नियमों पर आधारित हैं।

3. व्याकरण: व्याकरण का उद्देश्य वेदों की भाषा को सही ढंग से समझना और उसका प्रयोग करना है। यह संस्कृत भाषा के नियमों, धातुओं, संज्ञाओं, और संधियों का अध्ययन है। पाणिनि का अष्टाध्यायी व्याकरण का प्रमुख ग्रंथ है, जो संस्कृत भाषा के नियमों का व्यापक और व्यवस्थित विवरण देता है।

4. निरुक्त: निरुक्त का अर्थ है "शब्दों का विश्लेषण और व्याख्या।" इसमें वेदों में प्रयुक्त दुर्बोध और कठिन शब्दों का अर्थ

बताया जाता है। यास्क द्वारा रचित निरुक्त इस अंग का प्रमुख ग्रंथ है, जिसमें वेदों के शब्दों का व्युत्पत्ति और तात्पर्य समझाया गया है। यह शब्दों के अर्थ और उनकी उत्पत्ति को समझने में सहायक है।

5. छन्द: छन्द वेदों के मंत्रों के छंद या मीटर के अध्ययन से संबंधित है। इसमें वेदों के श्लोकों और मंत्रों के छंदों की गणना और संरचना की जानकारी दी जाती है। छन्दशास्त्र वेदों के विभिन्न प्रकार के छंदों (जैसे गायत्री, अनुष्टुप, त्रिष्टुप, आदि) के नियम और उनके अनुप्रयोग को समझने में मदद करता है।

6. ज्योतिष: ज्योतिष का संबंध वेदों के अनुष्ठानों और यज्ञों के लिए सही समय और मुहूर्त निर्धारण से है। यह खगोलीय घटनाओं, ग्रह-नक्षत्रों की स्थिति, और समय की गणना पर आधारित है। ज्योतिष का उपयोग शुभ और अशुभ समय, ऋतुओं और कालचक्र को समझने के लिए किया जाता है, ताकि धार्मिक क्रियाओं का उचित समय पर संपादन हो सके।

ये छह वेदांग वेदों की संरचना, समझ, और अनुप्रयोग को सुनिश्चित करते हैं, और वेदों के गहन अध्ययन में सहायक होते हैं।

शिक्षा का शास्त्र

शिक्षा, ज्ञान की वह आभा,
जिसमें बसी है जीवन की संजीवनी,
शब्दों का सही उच्चारण,
ध्वनि की लहरें,
जिससे बंधे हैं संस्कार,
यह एक यात्रा है,
जो हमें जगाने का काम करती है,
प्रकृति के हर स्वर में,
हमें दिखाती है सही मार्ग।

शिक्षा का यह ताना-बाना,
न केवल जानकारी का संकलन,
बल्कि आत्मा का विकास,
संदेश का विस्तार,
किस प्रकार से बोलना है,
कैसे सुनना है,
कैसे सोच में लाना है,
विचारों को शब्दों में बदलना।

आवाज की शक्ति,
संवेदनाओं का संप्रेषण,
शिक्षा हमें सिखाती है,
कैसे जगाएँ अपने भीतर की ऊर्जा,
कैसे बनाएँ संवाद,
हर रिश्ते की नींव,
सुनने और समझने की कला।

शिक्षा का अर्थ केवल सूचना नहीं,
बल्कि व्यवहार का ज्ञान,
शिष्टाचार और नैतिकता,

जो जोड़ता है हमें मानवता से,
एक साथ बढ़ने की राह,
आत्मा की गहराई में,
जिससे बढ़ता है आत्मविश्वास,
हर कदम पर सिखाती है।

विकास की हर सीढ़ी,
शिक्षा के बिना अधूरी,
यह एक ऐसा माध्यम है,
जो खोलता है दरवाज़े,
सपनों को सच करने का,
हर आशा का मंजर,
जिसमें बसी है हमारी पहचान।

शिक्षा का मार्ग कभी सरल नहीं,
कभी कष्ट, कभी संघर्ष,
लेकिन हर चुनौती में है सिखने का अवसर,
जो बनाता है हमें मजबूत,
कभी गिरकर उठने की शक्ति,
हर अनुभव में ज्ञान,
जो हमें आगे बढ़ने की प्रेरणा देता है।

इसलिए, शिक्षा को अपनाएँ,
ज्ञान की इस धारा में बहें,
शब्दों का सही उपयोग करें,
हर संवाद को अर्थपूर्ण बनाएँ,
शिक्षा का यह शास्त्र,
हमें आगे ले जाएगा,
जीवन के इस महासंग्राम में,
हम सब मिलकर बनें शिक्षित,
अपने ज्ञान की ज्योति जलाएँ।

कल्प का महत्त्व

कल्प, वेदांगों में एक गूढ़ शास्त्र,
जहाँ नियमों की बुनाई है,
सृष्टि के निर्माण का एक अनुशासन,
विधि और प्रक्रिया की बात,
शास्त्र की गरिमा में बसी,
एक सटीकता, जो गहराई में है।

यहाँ हर कार्य की विधि है,
कैसे करें पूजा,
कैसे करें संस्कार,
जो जीवन को अर्थ देते हैं,
धर्म और कर्म का संबंध,
सचाई की परिभाषा में छिपा।

कल्प के इस ज्ञान में,
बसी हैं संस्कृतियों की धड़कनें,
प्राचीन वेदों के सूत्र,
जो जोड़ते हैं हमें अतीत से,
हर रचना में निहित हैं सिद्धांत,
जीवन के हर क्षेत्र में,
संबंधों की मर्यादा।

शास्त्र का अनुशासन,
न केवल सिद्धांत,
बल्कि आचार का अनुकरण,
किस प्रकार निभाएँ हम कर्तव्य,
किस तरह बुनें हम अपने जीवन,
सामाजिक ढांचे का यह आधार,
कल्प में छिपी है हर परिस्थिति की कुंजी।

नियमों की पवित्रता,
जो बनाती है समाज को संगठित,
हर व्यक्ति का स्थान,
इस ब्रह्मांड में निर्धारित,
कल्प का ज्ञान हमें बताता है,
कैसे बनें हम अच्छे इंसान,
कैसे करें सृष्टि का संरक्षण,
हर कदम पर सोच-समझकर चलना।

कल्प में निहित है रचनात्मकता,
कल्पना की उड़ान,
जिससे मिलता है मार्गदर्शन,
किस प्रकार रचना करें नए विचारों की,
कैसे उभरें अपने सिद्धांतों के साथ,
सभी विधाओं का समावेश,
संस्कारों का एकात्मता।

आओ, हम इस ज्ञान को आत्मसात करें,
कल्प का यह विज्ञान,
जिससे मिले हर कर्म में सफलता,
संगठन की भावना से भरें,
अपने जीवन को समर्पित करें,
कल्प की शिक्षाएँ हमें दें,
सत्य, धर्म, और न्याय का प्रकाश।

इस प्रकार, कल्प का महत्त्व,
हमें सिखाता है जीवन का पाठ,
सृष्टि के नियमों को समझकर,
हम बढ़ें आगे,
जीवन की इस अद्भुत यात्रा में,
एक नई दिशा की ओर,
जो हमें ले जाए एकता की ओर।

व्याकरण का विज्ञान

व्याकरण, भाषा का जीवंत विज्ञान,
जिसमें छिपी है संवाद की कला,
शब्दों का सही प्रयोग,
ध्वनि की लहरों में बसी है,
संवेदनाओं का प्रवाह,
जो जोड़ता है हृदय और मन को।

शब्दों का सही गठन,
अर्थ की परिभाषा का निर्धारण,
व्याकरण के नियमों में है गहराई,
हर टुकड़े का स्थान,
हर ध्वनि का महत्व,
जो संवाद को स्पष्टता प्रदान करता है।

शब्द और वाक्य की संरचना,
संविधान की तरह,
जिससे बनता है विचारों का महल,
व्याकरण का यह ज्ञान,
हमारी भाषा को एक रूप देता है,
जिससे संप्रेषण में आती है सहजता।

प्रत्येक धातु, प्रत्यय और उपसर्ग,
एक नया अर्थ बुनते हैं,
भाषा का यह ताना-बाना,
संस्कृति का अभिव्यक्ति का साधन,
एक दर्पण की तरह,
जो दर्शाता है समाज का चेहरा।

व्याकरण का अध्ययन,

केवल नियमों का संग्रह नहीं,
यह है संवाद का अन्वेषण,
भावनाओं का आदान-प्रदान,
किस प्रकार से व्यक्त करें अपने विचार,
किस तरह बनाएं संवाद को सार्थक।

भाषा की जटिलताओं में,
व्याकरण है सरलता का संदेश,
शब्दों की बुनाई में,
संपूर्णता का स्वरूप,
हर विचार को आकार देने का,
एक अद्वितीय प्रक्रिया।

विज्ञान और कला का संगम,
व्याकरण हमें सिखाता है,
कैसे उकेरें शब्दों के चित्र,
कैसे जोड़ें भावनाओं के धागे,
हर संवाद को अर्थपूर्ण बनाएँ,
हर शब्द को जीने दें।

आओ, हम इस ज्ञान को अपनाएँ,
व्याकरण का यह अद्भुत संसार,
जिससे हम बनाएँ संवाद के पुल,
संचार की इस धारा में बहें,
ज्ञान और समझ का विस्तार करें,
भाषा को एक नई ऊँचाई पर ले जाएँ।

व्याकरण, शब्दों का संरक्षक,
जीवन की संपूर्णता का परिचायक,
इसमें छिपा है मानवता का अनुभव,
जिससे हम सब मिलकर,
एक नए संवाद की शुरुआत करें।

निरुक्त का आकाश

निरुक्त, शब्दों का अन्वेषण,
जिसमें छिपा है अर्थों का समुद्र,
संवेदनाओं की गहराई में उतरने का,
एक विज्ञान, जो छानबीन करता है,
शब्दों की जड़ों को,
उनकी उत्पत्ति की कहानी को।

यहाँ बसी हैं ध्वनियों की लहरें,
प्राचीन धातुओं की गूंज,
संस्कृत की शुद्धता में,
जब शब्द बोलते हैं,
तो उनके पीछे है एक इतिहास,
जो सुनाता है मानवता की यात्रा।

निरुक्त का यह ज्ञान,
अर्थों के उजाले में लाता है,
वर्णों का गठन,
धातुओं का संबंध,
जो जोड़ता है विचारों को,
हर शब्द में छिपी है एक नई चेतना।

प्रत्येक अर्थ, जैसे एक दरवाज़ा,
खोलता है नए अनुभवों को,
कभी गूढ़, कभी सरल,
जैसे सागर की लहरें,
जो कभी मंथन करती हैं,
कभी समर्पण की भावना जगाती हैं।

शब्दों का यह अध्ययन,

हमें सिखाता है संवाद की कला,
कैसे व्यक्त करें अपने विचार,
कैसे समझें दूसरे के मन का गहराई,
निरुक्त हमें बताता है,
अर्थ का गूढ़ता,
जो हर रिश्ते में जोड़ता है।

इसमें बसी हैं संस्कृतियों की आवाज़ें,
अतीत से वर्तमान तक,
कितनी कहानियाँ, कितनी परंपराएँ,
निरुक्त के माध्यम से जीवित हैं,
हमारी जड़ों का अनुसंधान,
हमारी पहचान का एक अभिन्न हिस्सा।

आओ, हम निरुक्त के इस ज्ञान में खो जाएँ,
शब्दों की गहराई में उतरें,
हर ध्वनि को समझें,
हर अर्थ को जीएँ,
नए दृष्टिकोण से देखें,
संवाद की इस धारा को।

यह विज्ञान हमें सिखाता है,
कैसे बनें संवेदनशील,
किस प्रकार समझें दूसरों की भाषा,
निरुक्त का यह विशाल आकाश,
हमें एक करता है,
ज्ञान और समझ की एक नई परिभाषा में।

छंद का संगीत

छंद, काव्य का जीवंत साज,
शब्दों की लय में बसा एक संसार,
जहाँ धड़कते हैं विचार,
कविता की धुन में रचते हैं,
संवेदनाओं के रंग,
जिनसे बनती है जीवन की तान।

यहाँ बसी है नृत्य की प्रवृत्ति,
संगीत की लहरें,
जो बुनती हैं कथाएँ,
शब्दों की ताल पर,
संग्रह करती हैं भावनाएँ,
हर छंद में एक नया सूरज।

छंद का अर्थ केवल मात्रा नहीं,
यह है अनुभव की गहराई,
ध्वनियों का सही चयन,
जिससे निकलती है सृजनात्मकता,
किस प्रकार से लयबद्ध करें विचार,
कविता के आकाश में फैले सपने।

शब्दों का यह ताना-बाना,
जैसे तान के तार,
जिनमें बसी हैं संवेदनाएँ,
प्रेम, विरह, आनंद और शांति,
हर छंद में छिपा एक भाव,
जो बुनता है रिश्तों का जाल।

कभी सृजन की फुहार,
कभी दर्द का आँसू,
छंद हमें सिखाता है,
किस प्रकार संवेदनाओं को व्यक्त करें,
जैसे नदी का प्रवाह,
जो बहता है बिना रुकावट के।

यह एक संवाद है,
आत्मा की गहराई से,
किस प्रकार से पाएं हम सच्चाई,
किस तरह रचें हम अपनी दुनिया,
छंद में बसी है सृष्टि की योजना,
एक रचना, जो हमें जोड़ती है।

आओ, हम छंद के इस संसार में खो जाएँ,
हर स्वर को सुनें,
हर धुन को जीएँ,
शब्दों के इस संगीत में,
बनाएँ अपने मन का संगीत,
छंद की इस अद्भुत यात्रा में,
हम सब मिलकर रचें एक नई दुनिया।

छंद, जीवन का एक अंग,
जिसमें हैं प्रेम, विश्वास,
धन्यवाद का आभार,
इसका हर रूप हमें दिखाता है,
जीवन की हर धड़कन को,
छंद के संगीत में,
हम सब मिलकर गाएँ एक नई गाथा।

ज्योतिष का रहस्य

ज्योतिष, तारों का गूढ़ ज्ञान,
आसमान की चादर पर फैले सितारे,
जो कहती हैं अनकही बातें,
हर ग्रह की चाल में छिपा है एक संकेत,
जिससे मिलती है जीवन की दिशा,
एक अदृश्य साजिश,
जो रचती है हमारे भाग्य का कच्चा धागा।

तारों की चक्रीय गति,
जैसे जीवन के उतार-चढ़ाव,
हर ग्रह, एक कहानी,
हर राशि, एक सपना,
जो जोड़ता है मन और ब्रह्मांड को,
समय की धारा में बहता,
हमारे कर्मों का प्रतिबिंब।

ज्योतिष का यह विज्ञान,
केवल भविष्यवाणी नहीं,
यह है आत्म-ज्ञान का मार्ग,
जिससे समझें हम अपने अंदर की गहराई,
हर चक्र का अर्थ,
हर स्थिति का संदेश,
जो जगाता है हमारी अंतर्दृष्टि।

ग्रहों की संगति,
सामंजस्य की परिभाषा,
किस प्रकार से करें हम जीवन का संतुलन,
कभी अनुकूलता, कभी प्रतिकूलता,
ज्योतिष हमें बताता है,
कैसे करें हम जीवन के साथ सामंजस्य।

इसकी गणना में बसी है विज्ञान की ठोसता,
जैसे कण कण में बसी हो ऊर्जा,
तारों की भाषा,
हमसे बात करती है,
समय की हर लहर में,
हमें दिखाती है विकल्पों का संसार।

ज्योतिष के इस ज्ञान में,
छिपी हैं जटिलताओं की सरलता,
हर चक्र में, एक नया सृजन,
हमारे कार्यों का एक दर्पण,
जिससे समझें हम अपने कर्मों का फल,
और सजगता से चलें जीवन के मार्ग पर।

आओ, हम इस ज्ञान को अपनाएँ,
ज्योतिष का यह रहस्य,
जिससे हमें मिलती है दिशा,
तारों की रोशनी में चलकर,
बनाएँ अपने जीवन की गाथा,
एक नई पहचान की ओर,
जो हमें ले जाए उज्ज्वल भविष्य की ओर।

ज्योतिष, एक अद्भुत यात्रा,
आसमान की ओर उठी आँखें,
जो समझाती हैं जीवन का अर्थ,
एक सच्चाई, एक पहचान,
जिसमें हर सितारे की कहानी है,
हम सबका भाग्य जुड़ा हुआ,
इस अनंत आकाश में,
जो बताता है, हम हैं कहाँ।

उपनिषद

उपनिषद भारतीय दर्शन के महत्वपूर्ण ग्रंथ हैं, जो वेदों के ज्ञान के गहन और आध्यात्मिक अर्थों का विश्लेषण करते हैं। इनमें आत्मा, ब्रह्म, और मोक्ष के सिद्धांतों का गहरा विवेचन है। वैसे तो उपनिषदों की संख्या 108 मानी जाती है पर मैंने निम्न 10 प्रमुख उपनिषदों (जिनपर आदिगुरु शंकराचार्य ने भाष्य लिखा था) पर ही कविताएं लिखी है।

1. ईशोपनिषद: यह उपनिषद यजुर्वेद से संबंधित है और इसमें 18 मंत्र हैं। इसका मुख्य संदेश है कि ईश्वर (ईश) सम्पूर्ण सृष्टि में विद्यमान है। इसमें जीवन और मृत्यु, कर्म और मोक्ष के बीच संतुलन बनाने का संदेश दिया गया है। इसका महत्वपूर्ण विचार है, "ईश्वर सर्वव्यापी है, और उसे हर जगह देखा जा सकता है।"

2. कठोपनिषद: यह उपनिषद कृष्ण यजुर्वेद का हिस्सा है और नचिकेता और यमराज के संवाद के रूप में प्रस्तुत है। इसमें आत्मा, मृत्यु के बाद के जीवन, और मोक्ष के विषय पर चर्चा की गई है। यह बताता है कि आत्मा अजर-अमर है और मोक्ष ही जीवन का अंतिम लक्ष्य है।

3. केनोपनिषद: यह उपनिषद सामवेद से संबंधित है और इसमें ज्ञान और आत्मा के संबंध पर विचार किया गया है। इसमें यह प्रश्न उठाया गया है कि "किस प्रेरणा से मन और इंद्रियां कार्य करती हैं?" इसका उत्तर यह है कि यह सब ब्रह्म की शक्ति से होता है। इसमें "केन" यानी "किसके द्वारा" का प्रश्न प्रमुख है।

4. प्रश्नोपनिषद: यह उपनिषद अथर्ववेद से संबंधित है और इसमें छह प्रश्नों के उत्तर दिए गए हैं, जो आध्यात्मिक साधक विद्यारण्य

ऋषि से पूछते हैं। इन प्रश्नों का संबंध ब्रह्मांड, प्राण, आत्मा, और ब्रह्म से है। इसमें गहन दार्शनिक और आध्यात्मिक विषयों का विश्लेषण किया गया है।

5. मंडूक उपनिषद्: यह उपनिषद अथर्ववेद से संबंधित है और इसमें अद्वैत वेदांत के सिद्धांतों पर विचार किया गया है। इसमें आत्मा और ब्रह्म के अद्वैत (अखंडता) को समझाया गया है। इसके तीन प्रमुख भाग हैं – आगम, वैतथ्य, और अद्वैत, जिनमें आत्मा की तीन अवस्थाओं (जाग्रत, स्वप्न, और सुषुप्ति) का विवेचन किया गया है।

6. मांडूक्य उपनिषद्: यह उपनिषद भी अथर्ववेद का हिस्सा है और इसमें केवल 12 मंत्र हैं, लेकिन इसका महत्व बहुत अधिक है। इसमें "ॐ" के गहन अर्थ को समझाया गया है और इसे ब्रह्म का प्रतीक माना गया है। इसके अनुसार आत्मा की चार अवस्थाएँ होती हैं: जाग्रत, स्वप्न, सुषुप्ति, और तुरीय (चतुर्थ अवस्था)।

7. छान्दोग्य उपनिषद्: यह उपनिषद सामवेद से संबंधित है और बहुत विस्तार से लिखा गया है। इसमें उपदेशक और शिष्यों के बीच विभिन्न संवादों के माध्यम से ज्ञान और ब्रह्म की व्याख्या की गई है। यह उपनिषद जीवन के विभिन्न पहलुओं, ध्यान, आत्मा, ब्रह्म, और सत्य के विषय में विस्तार से चर्चा करता है।

8. वृहदारण्यक उपनिषद्: यह उपनिषद शुक्ल यजुर्वेद का हिस्सा है और सबसे बड़े उपनिषदों में से एक है। इसमें आत्मा, ब्रह्म, और मोक्ष के बारे में गहन विचार-विमर्श किया गया है। यह उपनिषद ऋषि याज्ञवल्क्य और अन्य ऋषियों के संवादों के रूप में प्रस्तुत है, और इसमें आत्मज्ञान और जीवन के रहस्यों को समझाया गया है।

9. तैत्तिरीय उपनिषद: यह उपनिषद कृष्ण यजुर्वेद का हिस्सा है और इसमें शिक्षा, ब्रह्मविद्या, और आत्मा के विषय पर चर्चा की गई है। इसमें तीन भाग हैं – शिक्षा वल्ली, ब्रह्मानंद वल्ली, और भृगु वल्ली, जिनमें क्रमशः उच्चारण, आनंद, और आत्मा के रहस्यों का वर्णन किया गया है।

10. ऐतरेय उपनिषद: यह उपनिषद ऋग्वेद से संबंधित है और इसमें आत्मा और ब्रह्मांड की उत्पत्ति पर विचार किया गया है। इसमें बताया गया है कि आत्मा ही संसार की सृजनकर्ता है और मानव जीवन का उद्देश्य आत्मा के वास्तविक स्वरूप को पहचानना है। यह उपनिषद बताता है कि ब्रह्मांड आत्मा से उत्पन्न हुआ है और अंततः उसमें विलीन हो जाता है।

उपनिषद आत्मा, ब्रह्म, और सृष्टि के गूढ़ रहस्यों का विश्लेषण करते हैं और जीवन के उच्चतम सत्य की ओर मार्गदर्शन करते हैं।

ईश उपनिषद की चेतना

ईश उपनिषद, ज्ञान का अनंत स्रोत,
जैसे सागर की लहरें,
जो लाती हैं शांति और प्रकाश,
जिसमें बसी है आत्मा की सच्चाई,
जिससे मिलती है जीवन की परिभाषा,
एक अदृश्य बंधन,
जो जोड़ता है मनुष्य को ब्रह्मांड से।

सभी कुछ इस ब्रह्म में समाहित,
संपूर्णता का प्रतीक,
हर प्राणी का अंश,
हर वस्तु में बसी है एक चेतना,
जो जीवन को देती है गहराई,
हर बूँद में बसी है अनंतता,
जैसे प्रेम की गहराई,
जिसे हम समझ नहीं पाते।

अहम् ब्रह्मास्मि, यह मंत्र,
स्वयं की पहचान का रहस्य,
किस प्रकार से मिटा दें भ्रम,
अपने और अस्तित्व के बीच की दीवार,
किस तरह समझें हम
इस जटिलता को सरलता में,
जैसे दिन और रात का मेल,
जिसमें छिपा है ब्रह्म का स्वरूप।

विराट ब्रह्म की लहरों में,
हम सब हैं एक यात्रा पर,
स्वयं की खोज में,
सच्चाई के उस दीप को जलाना,
जिससे जलती हैं जीवन की राहें,
हर चुनौती को स्वीकार करते हुए,
क्योंकि जो कुछ है,
वही सच है, वही अस्तित्व है।

ईश उपनिषद की यह गूढ़ता,
सिखाती है हमें आत्मा की यात्रा,
कैसे करें हम सृष्टि का सम्मान,
हर जीव में देखें ब्रह्म का अंश,
किस तरह समझें कि हम हैं एक,
इस विराट जगत में,
जहाँ प्रेम और करुणा का प्रवाह,
हमें जोड़ता है एक सूत्र से।

आओ, हम इस ज्ञान को अपनाएँ,
ईश उपनिषद का यह संदेश,
जो बताता है हमें,
किस तरह जीवन के हर पल को जीना,
कैसे समझें हम अपने अस्तित्व को,
हर सांस में बसी है ईश की महिमा,
जिसमें हम सब हैं,
एक अनंत प्रेम की कहानी।

सत्य की इस साधना में,

हम पाते हैं सच्ची स्वतंत्रता,
स्वयं से और जगत से जुड़े,
इस एकता के सागर में,
ईश उपनिषद की गहराई में,
हम खोजते हैं अपना असली स्वरूप,
जो हमें ले जाए उस ब्रह्म की ओर,
जो है और जो सदा रहेगा।

कठोपनिषद की गहराई

कठ उपनिषद, आत्मा की पुकार,
एक संवाद, जीवन और मृत्यु का,
किस प्रकार से समझें हम,
इस चिरकालिक सत्य को,
जिसमें बसी है ज्ञान की रोशनी,
जिससे छूटता है माया का बंधन,
एक अनंत यात्रा की शुरुआत।

श्रेय और प्रेय दो मार्ग,
कौन सा है जीवन का सही पथ,
किस तरह करें हम आत्मा की पहचान,
जो सदा रहती है,
अनंत और अचंचल,
इस जगत की हर गति में,
उसके पार,
जहाँ कोई दूरी नहीं।

आत्मा का अन्वेषण,
सच्चाई की ओर बढ़ता कदम,
कठिनाइयों के इस भंवर में,
कैसे पाएं हम मोक्ष का द्वार,
कठोपनिषद हमें सिखाता है,
कैसे मिटा दें भ्रम की दीवार,
और देखें हम अपने अंदर की गहराई।

जिसमें बसी है जीवन की सार्थकता,
हर मनुष्य का एक उदेश्य,
हर अनुभव में एक सबक,

जो दिखाता है हमें मार्ग,
जितने भी दुखों का सामना करें,
हर एक पल में छिपा है सुख का सार,
एक गहरी सांस की तरह।

ब्रह्म का अद्वितीय स्वरूप,
स्वयं को पहचानना,
कठिनता में सरलता का अनुभव,
कैसे करें हम आत्मा का ध्यान,
वह है जो विद्यमान है,
हर वस्तु में, हर प्राणी में,
सिर्फ उसे पहचानने की देर है,
जो हमें जोड़ता है अनंतता से।

कठोपनिषद के इस संदेश में,
बसी है एक शांत धुन,
जो कहती है हमें,
तुम हो सृष्टि का अंश,
इसलिए जियो प्रेम और करुणा से,
हर मनुष्य, हर जीव में,
देखो ब्रह्म का अंश,
एकता की इस अनंत धारा में।

आओ, हम इस ज्ञान को अपनाएँ,
कठोपनिषद का यह अनमोल संदेश,
जो बताता है हमें,
किस तरह बनाएं जीवन को सार्थक,
कैसे चलें हम आत्मा की राह पर,
इस जगत में बिखरे हुए,
एक अनंत प्रेम की कहानी।

इस गूढ़ता में है छिपा सच्चा अर्थ,
सुख और दुःख का गहरा समन्वय,
जहाँ से निकलता है सच्चा प्रकाश,
जो हमें दिखाता है,
आत्मा की यात्रा का अनंत पथ,
कठ उपनिषद, एक साक्षात्कार,
नचिकेता और मृत्यु के देवता यम का
जिससे सजीव होता है जीवन का वास्तविक रूप।

केनोपनिषद की यात्रा

केन उपनिषद, ज्ञान का अद्भुत द्वार,
जिसमें बसी है आत्मा की गूढ़ता,
एक प्रश्न, एक उत्तर,
सृष्टि की गहराई में,
जैसे घने जंगल में छिपा हो कोई राज,
जिसे पाना है,
जिससे मिलना है,
अपने असली स्वरूप को पहचानने के लिए।

क्या है वह शक्ति, जो चलाती है जीवन,
जिससे हर मन में जागता है जागरण,
स्वयं की खोज में,
हर विचार में, हर अनुभव में,
एक अनंत यात्रा,
जो हमें जोड़ती है उस ब्रह्म से,
जो है अचिन्त्य, अपरिभाषित,
जो व्याप्त है हर कण में।

आत्मा का वह ज्ञान,
जो समझाता है जीवन के रहस्यों को,
किस तरह मिटा दें अज्ञान की परतें,
जो हमें रोकती हैं,
जैसे अंधेरे में छिपा हो प्रकाश,
जिसे केवल देखना है,
समझना है,
अपने भीतर की गहराई में।
कहाँ है वह ब्रह्म,
जो हर प्राणी में है,
जो दिखता नहीं,

फिर भी सब कुछ है,
किस तरह जानें हम,
उसकी उपस्थिति को,
एक सुनहरी धूप की तरह,
जो छू जाती है हर जीव को।

केनोपनिषद का यह संदेश,
बता जाता है हमें,
किस तरह देखें हम,
आसमान की ओर,
जहाँ हैं तारे,
जैसे हमारी इच्छाएँ,
हर एक चमक में,
छिपा है एक अनकहा सत्य।

आत्मा और ब्रह्म का मेल,
जिसे समझना है,
इस दुनिया की भीड़ में,
कैसे जिएं हम,
उस एकता की भावना के साथ,
जो हमें जोड़ती है,
हर विचार, हर क्रिया में,
एक गहरी सांस की तरह।

आओ, हम उठें इस ज्ञान की ओर,
केनोपनिषद की इस यात्रा में,
जहाँ है प्रेम और करुणा का प्रवाह,
जो हमें सिखाता है,
किस तरह जियें हम,
इस जीवन को सार्थक बनाते हुए,
हर पल में ढूंढें हम,
आत्मा की गहराई और ब्रह्म की पहचान।

इस यात्रा में छिपा है सुख का स्रोत,
हर अनुभव में, हर सांस में,
ब्रह्म का अद्वितीय स्वरूप,
जो हमें दिखाता है,
कि हम सब हैं एक,
इस अनंत सृष्टि में,
केन उपनिषद,
एक ऐसी राह,
जो हमें ले जाती है सत्य की ओर,
जिसमें है प्रेम और शांति दुनिया के लिए

प्रश्नोपनिषद की गूढ़ता

प्रश्न उपनिषद, सवालों का अनंत सिलसिला,
गूढ़ता में लिपटे सत्य की खोज,
एक युवक की जिज्ञासा,
जो सृष्टि के रहस्यों को जानने का प्रयास करता है,
गहनता में डूबा मन,
किस तरह करें हम ज्ञान का आविष्कार,
कहाँ है वह अंतिम सत्य,
जिससे मिलता है आत्मा का प्रकाश।

कौन हैं गुरु, कौन शिष्य,
यह ज्ञान का अद्वितीय संवाद,
सपने और यथार्थ के बीच की दीवार,
क्या है जीवन का अर्थ,
क्यों हैं दुख और सुख का अंतर्संबंध,
हर सवाल एक नई दिशा,
एक नया अनुभव,
जो जोड़ता है हमें सृष्टि से।

कितनी बारीकियाँ हैं इस जीवन में,
जैसे धागे से बुना गया कपड़ा,
किस तरह पहचानें हम,
उस अदृश्य सूत्र को,
जो हर जीव को जोड़ता है,
ब्रह्म की गहराई में,
जहाँ छिपा है अमृत का स्वरूप,
जिसे समझने के लिए,
हर दिन एक नया प्रश्न,

हर उत्तर एक नया द्वार।
शब्दों का खेल, विचारों की बुनाई,
प्रश्नोपनिषद का यह अद्भुत ज्ञान,
किस तरह सुनें हम अपनी अंतरात्मा की आवाज,
जिससे मिलता है सही मार्ग,
जैसे धूप की पहली किरण,
जो छूती है मन के अंधेरों को,
और उजागर करती है जीवन की राह।

ज्ञान की इस गहराई में,
प्रश्न केवल एक खेल नहीं,
यह है आत्मा की खोज,
एक यात्रा, जो चलती है,
हर उस क्षण में,
जहाँ हम प्रश्न करते हैं,
और उत्तर खोजते हैं,
अपने भीतर की आवाज़ सुनते हुए।

प्रश्नों का यह सिलसिला,
हमें सिखाता है,
किस तरह जीते हैं हम,
सच्चाई के साथ,
किस तरह हो पहचान
अपने और ब्रह्म के बीच,
एक पुल, जो बना है विश्वास से,
जहाँ हर अनुभव की होती है महत्ता।

आओ, हम चलें इस मार्ग पर,
प्रश्न उपनिषद का यह संदेश,
हर सवाल हमें ले जाता है,
आत्मा की ओर,

सत्य की गहराई में,
जहाँ हम पाते हैं अपने अस्तित्व को,
एक अद्भुत सफर,
जो जोड़ता है हमें अनंत से,
जहाँ हर प्रश्न बनता है उत्तर,
और हर उत्तर एक नई यात्रा।

मंडूक उपनिषद का प्रकाश

मंडूक उपनिषद, जीवन की परतें,
छिपा हुआ ज्ञान, आत्मा का स्वर्णिम प्रकाश,
एक मेंढक की गूढ़ यात्रा,
जो बताती है हमें,
सच्चे ब्रह्म की खोज में,
कैसे अनंतता के जल में,
हम गहराई तक जा सकते हैं।

वह मेंढक, जो कूदता है,
विकल्पों के संसार में,
जिसकी आँखों में है जिज्ञासा,
क्या है यह जीवन,
क्या है इसका सार,
क्यों खोजता है वह जल की गहराई,
क्यों चेष्टा करता है,
अपने अस्तित्व को पहचानने की।

एक प्रश्न का अनवरत सिलसिला,
क्या है आत्मा,
क्या है उसका स्वरूप,
जिसे समझने के लिए,
सुख-दुख के खेल को पार करना है,
जैसे वो मेंढक,
जो जल की सतह पर,
अपनी पहचान खोजता है,
हर कूद में, हर छलांग में।

जीवन के इस समुद्र में,
मिलते हैं अनगिनत तट,
सपने और यथार्थ के बीच,
हर अनुभव एक नया सबक,

किस तरह करें हम उस ब्रह्म का अनुभव,
जो सर्वत्र बसा है,
जिससे जुड़े हैं हम सभी।

आत्मा की यह अनकही कहानी,
मंडूक उपनिषद में बसी है,
एक ऐसे ज्ञान का संकेत,
जो कहता है हमें,
किस तरह पहचानें हम अपने अंदर की आवाज़,
जिससे हर बार मिलती है नई चेतना,
एक ऐसी लहर,
जो हमें जोड़ती है अनंतता से।

उस मेंढक की आँखों में छिपा है,
ब्रह्म का अद्वितीय स्वरूप,
जो हर प्राणी में बसा है,
हर धड़कन में, हर सास में,
एकता की यह गूंज,
जो हमें सिखाती है,
कि हम सब हैं एक,
इस विशाल सृष्टि में।

आओ, हम उठें इस ज्ञान की ओर,
मंडूक उपनिषद की इस अद्भुत यात्रा में,
जहाँ प्रश्न बनते हैं अनुभव,
जहाँ हर अनुभव है एक नया मार्ग,
जो हमें ले जाता है आत्मा की ओर,
ब्रह्म की पहचान में,
एक अनंत प्रेम की कहानी,
जो हमें जोड़ती है,
हर जीव के साथ,
एकता के इस महान गान में।

मांडूक्य उपनिषद की ध्वनि

मांडूक्य उपनिषद, अनंतता का अद्भुत छंद,
चार अक्षरों में बसा है ब्रह्म,
एक शब्द ॐ
जिसकी यात्रा है सृष्टि की गहराई में,
आत्मा की खोज का रहस्य,
जो कहता है,
मैं हूं, तुम हो, हम सब हैं एक।

अ, उ, म, और शांति,
जीवन की मूल धारा,
प्रकृति की गूंज में,
जब हम सुनते हैं अपनी आहट,
एक यात्रा का आरंभ,
जो नित्य चलती है,
स्वप्न और यथार्थ के बीच,
किस तरह जानें हम अपने अस्तित्व को।

अ का अर्थ है जागृति,
जीवन की पहली किरण,
जब हम जागते हैं इस संसार में,
एक नई दृष्टि के साथ,
उ, वह स्वरूप है,
जो हर प्राणी में छिपा है,
सुख-दुख का अनन्त चक्र,
एक लहर, जो कभी खत्म नहीं होती।

म, जो है अंतिम स्वरूप,
निराकार, अद्वितीय,

जो हमें दिखाता है सच्चाई का चेहरा,
जहाँ मिलती है आत्मा और ब्रह्म की एकता,
जब हम समझते हैं,
कि असली जीवन का अर्थ,
केवल अनुभव में है,
जहाँ मिलती है शांति,
उस गहरी शांति में।

शांति, एक ऐसी छाया,
जो हर जीव में बसी है,
जब हम अपनी पहचान पाते हैं,
तब बिखर जाती हैं सीमाएँ,
हर विचार में, हर सास में,
एक अद्वितीय प्रेम का प्रवाह,
जो हमें जोड़ता है अनंतता से,
एक गहरी धारा,
जिसमें छिपा है सुख का स्रोत।

मांडूक्य उपनिषद की यह शिक्षा,
किस तरह जीना है हमें,
सपनों और यथार्थ के बीच,
किस तरह पहचानें हम,
अपने भीतर की गहराई को,
जिसमें बसा है ब्रह्म का सच्चा स्वरूप,
एक लहर, जो चलती है निरंतर,
एकता की इस अद्भुत धुन में।

आओ, हम उठें इस ज्ञान की ओर,
जहाँ हर प्रश्न है एक खिड़की,
जो खोलती है आत्मा के रहस्यों को,
मांडूक्य उपनिषद की इस यात्रा में,

जहाँ हैं गूढ़ता के संकेत,
हर संकेत में है जीवन का सार,
एक अनंत यात्रा,
जो जोड़ती है हमें एक महान सृष्टि से,
हर सांस में, हर पल में,
एकता का यह गान।

छान्दोग्य उपनिषद की जिज्ञासा

छान्दोग्य उपनिषद,
ज्ञान का गहन सागर,
जिसमें छिपा है अनंत सत्य,
एक बूँद में समाहित,
संपूर्ण ब्रह्माण्ड का तत्त्व।
जिज्ञासा की एक अद्भुत यात्रा,
जहाँ शब्दों में बसी है सृष्टि की कथा,
एक साधारण शिष्य की खोज,
जो समझना चाहता है जीवन का रहस्य।

प्रश्नों का अनवरत सिलसिला,
क्या है ब्रह्म, क्या है आत्मा,
किस तरह परखें हम अपने अस्तित्व को,
जैसे एक बीज में छिपा हो विशाल वृक्ष,
हर अनुभव में मिलती है गहराई,
हर उत्तर बनता है एक नया मार्ग,
जो हमें ले जाता है सच्चाई की ओर।

"सत्यं ज्ञानं अनन्तं,"
सपने और यथार्थ के बीच,
एक अदृश्य धागा हमें जोड़ता है,
जिसकी पहचान है हमारी आत्मा,
जो बहे निरंतर,
हर धड़कन में, हर सास में,
एक सिम्फनी, जो गूंजती है,
सृष्टि के हर कण में।

शिष्य का प्रश्न,

गुरु का उत्तर,
एक संवाद का अद्वितीय रूप,
जब हम खोजते हैं ब्रह्म को,
तो पाते हैं अपनी पहचान,
जैसे जल में प्रतिबिंबित होता है चाँद,
एक अनंत प्रेम की आभा,
जो फैलती है हर दिशा में।

छान्दोग्य उपनिषद का यह संदेश,
जीवन की गहराई में,
खुद को जानने का प्रयास,
एक अद्भुत यात्रा,
जो हमें सिखाती है,
किस तरह पार करें हम इस संसार के अंधकार को,
कैसे ढूंढें हम शांति,
जो बसी है हमारे भीतर।

आओ, हम चलें इस ज्ञान की ओर,
जहाँ हर प्रश्न है एक नया द्वार,
जहाँ हर उत्तर बनता है एक अनुभव,
जो हमें जोड़ता है अनंतता से,
छान्दोग्य उपनिषद की इस अद्भुत कहानी में,
जहाँ आत्मा की गूंज है सृष्टि का सार,
एकता का यह गान,
जो चलती है निरंतर,
हर जीव में, हर क्षण में।

इस ज्ञान का प्रकाश,
जो सिखाता है हमें प्रेम,
जो हमें जोड़ता है हर जीव से,
जैसे नदियाँ मिलती हैं सागर में,

एक अद्भुत समर्पण,
जो बदलता है हर नजरिए को,
छान्दोग्य उपनिषद की यात्रा,
हमेशा जारी है,
एक अनंत खोज,
जो देती है जीवन को नया अर्थ।

वृहदारण्यक उपनिषद की गहनता

वृहदारण्यक उपनिषद,
गहन विचारों का समंदर,
जहाँ शब्दों में छिपा है ज्ञान,
एक यात्रा, जो मन के कोने से निकलती है,
स्वप्नों के पार,
जहाँ आत्मा और ब्रह्म का मिलन होता है।

प्रश्नों का अनवरत प्रवाह,
क्या है यह अस्तित्व,
क्या है इसका अर्थ,
जब शिष्य ने उठाया हाथ,
पूछा गुरु से,
"कौन हूं मैं,
इस अनंत सृष्टि में मेरी पहचान क्या है?"

गुरु की आँखों में ज्ञान की चिंगारी,
जो सब कुछ जानता है,
"तुम वही हो, जो सब में है,
एक अदृश्य तंतु,
जो सभी जीवों को जोड़ता है,
एकता का यह अनकहा रहस्य।"

प्राण का खेल,
शरीर की परिधियों के पार,
जो सोचता है, वही बनता है,
जैसे चाँद का प्रतिबिंब,
जल की सतह पर,
विभिन्न आकार,

पर मूल एक ही,
सत्य का अनंत अनुभव।

संपूर्णता की ओर बढ़ते कदम,
ज्ञान की सीढ़ियों पर चढ़ते हुए,
जब हम पहचानते हैं अपने भीतर,
ब्रह्म का स्वरूप,
तब हर कठिनाई,
हर बाधा,
सिर्फ एक आभास बन जाती है।

वृहदारण्यक उपनिषद,
यह एक अद्भुत कविता है,
जो बताती है हमें,
किस तरह जीवित रहें हम,
इस स्वप्न के बीच,
सपनों की दुनिया में,
जहाँ हर पल है एक नया सबक।

क्योंकि जीवन का यह सफर,
एक गहन रहस्य की ओर ले जाता है,
जिसमें छिपा है ब्रह्म का स्वरूप,
जो हमें जोड़ता है,
हर मन, हर हृदय,
एक अनंत सृष्टि के रूप में।

आओ, हम चलें इस ज्ञान की ओर,
जहाँ हर सवाल है एक नई शुरुआत,
जहाँ हर अनुभव है एक उपहार,
वृहदारण्यक उपनिषद की इस गहराई में,
हम खुद को पाते हैं,

और जानते हैं,
कि हम सब हैं एक।

इस ज्ञान की यात्रा में,
जब हम अपने भीतर की आवाज सुनते हैं,
तो हर कदम पर मिलता है हमें,
एक नई दिशा,
जो बताती है हमें,
क्या है सच्चा प्रेम,
क्या है सच्ची खुशी,
और किस तरह बढ़ें हम
इस अनंतता की ओर।

तैतरीय उपनिषद का संगीत

तैतरीय उपनिषद,
वेदों की गूंजती ध्वनि,
जहाँ ज्ञान का नृत्य होता है,
एक सुंदर राग,
जो आत्मा को छूता है,
एक यात्रा, जो जीवन के गहराई में,
सच्चाई के सूरज को उजागर करती है।

किस तरह ज्ञान का दीप जलाते हैं,
जब हम अपनी पहचान को खोजते हैं,
शिष्य की जिज्ञासा,
गुरु की मौन मुस्कान,
एक संवाद का अद्भुत रूप,
जो ब्रह्म के साक्षात्कार की ओर ले जाता है।

"सत्यं ज्ञानं अनन्तं,"
एक साधारण वाक्य,
जिसमें बसी है अनंतता,
जहाँ प्राण और ब्रह्म का मिलन होता है,
संसार की हर बाधा,
एक मायावी खेल,
जो हमें सिखाता है,
सच्चाई की ओर बढ़ना।

आत्मा का नाद,
जो हर जीव में है,
एक अदृश्य तंतु,
जो सबको जोड़ता है,

जब हम इसे सुनते हैं,
तब हर कठिनाई का हल,
हर प्रश्न का उत्तर मिल जाता है।
तैतरीय उपनिषद का यह संदेश,
जीवन के चार आहार,
आनंद, विचार,
विज्ञान, और ध्यान,
एक पूर्णता की ओर ले जाते हैं,
जब हम जानते हैं,
जीवन का सच्चा अर्थ,
हमारे भीतर बसी है समृद्धि।

प्रेम और करुणा की छाया,
जो हमें जोड़ती है हर जीव से,
जैसे पेड़ की जड़ें,
जो हर कण में फैलती हैं,
इस सृष्टि की एकता,
जो हर दिल को धड़काती है,
एक लय,
जो निरंतर चलती रहती है।

आओ, हम चलें इस ज्ञान की ओर,
जहाँ हर क्षण है एक नया अनुभव,
जहाँ हर विचार है एक नई दिशा,
तैतरीय उपनिषद की इस अद्भुत धुन में,
हम खोजते हैं खुद को,
हम जानते हैं,
कि हम सब हैं एक।

इस संगीत में बसी है शांति,
जो हमें सिखाती है,

कैसे जीना है प्रेम में,
कैसे बढ़ना है एकता में,
एक अनंत यात्रा,
जो नहीं खत्म होती,
तैतरीय उपनिषद का यह संदेश,
हमेशा हमारे साथ है।

ऐतरेय उपनिषद की अनकही गाथा

ऐतरेय उपनिषद,
गूढ़ रहस्यों की टोह में,
जन्म लेता है ज्ञान,
जैसे एक नया तारा,
जो जीवन के अंधकार में चमकता है,
प्रश्नों के अनवरत सिलसिले में,
जब शिष्य खोजता है उत्तर,
अपनी पहचान की राह में।

किस तरह सृष्टि ने आकार लिया,
क्या है इस अस्तित्व का मर्म,
गुरु की वाणी गूंजती है,
"तुम ही हो सृष्टि,
सर्वव्यापी ब्रह्म का प्रतिबिंब,
हर जीव में बसी है आत्मा,
एक अटल सत्य,
जो सबको जोड़ता है।"

आत्मा का अन्वेषण,
एक यात्रा का आरंभ,
हर धड़कन में छिपा है संगीत,
हर सांस में बसी है प्रेम की गहराई,
जब हम एकाकार होते हैं,
संसार के साथ,
तब अनुभव करते हैं उस अलौकिक आनंद को,
जो जीवन का असली रस है।

ग्रंथो के पन्नों में,
लिखा है सृष्टि का इतिहास,
कैसे प्राणों का संचार होता है,
कैसे मनुष्य अपनी सीमाओं को तोड़ता है,
जब वह जागता है अपनी पहचान में,
"अहं ब्रह्मास्मि,"
एक सरल वाक्य में बसा है पूरा ब्रह्मांड।

ऐतरेय उपनिषद का संदेश,
शांति का आह्वान करता है,
जो हमें बताता है,
कैसे संगठित हों हम एकता में,
कैसे प्रेम से भर दें हर क्षण को,
एक नया अर्थ देने के लिए,
हर पल का, हर विचार का।

जब हम साक्षी बनते हैं,
इस अद्भुत खेल के,
तब हम समझते हैं,
जीवन की सच्चाई को,
क्योंकि हर अनुभव,
हर कठिनाई,
सिर्फ एक साधन है,
सच्चे ज्ञान की ओर।

आओ, हम मिलकर चलें इस मार्ग पर,
जहाँ हर सवाल है एक नई शुरुआत,
जहाँ हर खोज है एक नया अनुभव,
ऐतरेय उपनिषद की इस गूढ़ गाथा में,
हम खोजते हैं अपने भीतर की ज्योति,
जो हमें जोड़ती है सृष्टि से,

हर जीव के साथ,
एक नई दुनिया में।

इस ज्ञान की धारा में,
हर दिल का संगीत बहे,
हर प्राणी की पुकार सुनाई दे,
जब हम चलते हैं प्रेम की ओर,
तो पाते हैं खुद को,
एकता में,
ऐतरेय उपनिषद के उस गूढ़ संदेश में,
जो हमेशा हमें सिखाता है,
जीवन का असली आनंद।

पुराण

पुराण भारतीय संस्कृति के प्राचीन ग्रंथों का एक महत्वपूर्ण हिस्सा हैं, जिनमें धार्मिक, ऐतिहासिक, और सांस्कृतिक ज्ञान संचित है। इनमें सृष्टि की उत्पत्ति, देवताओं और राजाओं की कहानियां, और धार्मिक अनुष्ठान आदि का वर्णन किया गया है। यहाँ 18 प्रमुख पुराणों का संक्षिप्त परिचय दिया जा रहा है:

1. **ब्रह्म पुराण:** यह पुराण ब्रह्मा की सृष्टि, विष्णु, और शिव की महिमा का वर्णन करता है। इसमें तीर्थों और पुण्य स्थलों की महत्ता, और व्रत, पूजा के विधि-विधान का विवरण मिलता है। साथ ही यह धर्म और जीवन के चार पुरुषार्थों (धर्म, अर्थ, काम, मोक्ष) पर भी ध्यान देता है।

2. **विष्णु पुराण:** विष्णु पुराण विष्णु भगवान को समर्पित है और इसमें सृष्टि की उत्पत्ति, विष्णु के अवतारों, तथा राजाओं की वंशावली का वर्णन है। इसके प्रमुख हिस्से में विष्णु के दशावतार और संसार की उत्पत्ति और विनाश का वर्णन मिलता है।

3. **शिव पुराण:** शिव पुराण भगवान शिव की महिमा का वर्णन करता है। इसमें शिव की उत्पत्ति, उनके विवाह, उनके प्रमुख लीलाओं, और भक्ति के मार्ग का विवरण है। शिव पुराण में भगवान शिव के विभिन्न रूपों और उनके भक्ति मार्ग के महत्व का गहरा विवेचन है।

4. **भागवत पुराण:** भागवत पुराण विष्णु के अवतार कृष्ण की कथाओं पर केंद्रित है। इसमें कृष्ण के जीवन की लीलाओं का

विस्तृत वर्णन है। भागवत पुराण भक्ति की महत्ता और आध्यात्मिक ज्ञान को समझाने के लिए प्रसिद्ध है। इसका दशम स्कंध विशेष रूप से कृष्ण लीला का वर्णन करता है।

5. **अग्नि पुराण:** अग्नि पुराण में अग्निदेव के माध्यम से विभिन्न अनुष्ठानों, यज्ञों, धार्मिक विधियों और राजधर्म का वर्णन है। यह पुराण वास्तुशास्त्र, ज्योतिष, चिकित्सा, और आयुर्वेद के विषयों पर भी जानकारी देता है।

6. **गरुड़ पुराण:** यह पुराण विष्णु के वाहन गरुड़ द्वारा बताई गई शिक्षाओं का वर्णन करता है। इसमें मृत्यु के बाद आत्मा की यात्रा, कर्म और मोक्ष का विवरण दिया गया है। गरुड़ पुराण में यमलोक और नरक के वर्णन के साथ-साथ श्राद्ध और अंतिम संस्कार के नियम भी बताए गए हैं।

7. **स्कन्द पुराण:** यह पुराण भगवान शिव के पुत्र कार्तिकेय (स्कन्द) की महिमा का वर्णन करता है। यह सभी पुराणों में सबसे बड़ा है और इसमें तीर्थयात्रा, व्रत, और धर्म के नियमों का विस्तृत वर्णन है। इसमें काशी क्षेत्र और भगवान शिव की महिमा का भी विशेष उल्लेख है।

8. **पद्म पुराण:** पद्म पुराण में संसार की सृष्टि, पृथ्वी, और पाताल लोक का विवरण दिया गया है। इसमें भगवान विष्णु और उनके विभिन्न अवतारों की लीलाओं का वर्णन है। इसके अलावा, इसमें व्रत और तीर्थयात्राओं के नियम, तथा भगवान विष्णु की भक्ति का महत्व बताया गया है।

9. **वायु पुराण:** वायु पुराण में सृष्टि की उत्पत्ति, ब्रह्मा और अन्य देवताओं का वर्णन है। इसमें विष्णु, शिव और ब्रह्मा की महिमा का उल्लेख है और भक्ति, यज्ञ, और अनुष्ठानों की

महत्ता बताई गई है। इसमें ज्योतिष, खगोलशास्त्र, और धर्म के नियमों का भी वर्णन है।

10. **नारद पुराण:** नारद पुराण में भक्ति, धर्म, और मोक्ष की महत्ता बताई गई है। यह पुराण भगवान विष्णु के परम भक्त नारद द्वारा गाए गए उपदेशों पर आधारित है। इसमें धार्मिक अनुष्ठानों, व्रतों, और जीवन के आदर्शों का उल्लेख है।

11. **मार्कण्डेय पुराण:** यह पुराण ऋषि मार्कण्डेय के जीवन और उनकी कहानियों पर आधारित है। इसमें दुर्गा सप्तशती का उल्लेख मिलता है, जिसमें देवी दुर्गा की महिमा का विस्तार से वर्णन है। इसके अलावा इसमें धर्म, मोक्ष, और जीवन के अन्य आध्यात्मिक पहलुओं पर चर्चा की गई है।

12. **भविष्य पुराण:** भविष्य पुराण भविष्य की घटनाओं की भविष्यवाणी करता है और इसमें विभिन्न युगों के राजाओं और ऐतिहासिक घटनाओं का उल्लेख मिलता है। यह पुराण धार्मिक अनुष्ठानों और व्रतों के बारे में भी विस्तार से बताता है।

13. **लिंग पुराण:** यह पुराण शिवलिंग की पूजा और महत्व का वर्णन करता है। इसमें शिवलिंग की उत्पत्ति, पूजा विधि, और भगवान शिव की महिमा का विस्तार से वर्णन है। साथ ही इसमें भक्ति, ध्यान, और मोक्ष के मार्ग को भी समझाया गया है।

14. **वराह पुराण:** यह पुराण भगवान विष्णु के वराह अवतार का वर्णन करता है, जिसमें उन्होंने धरती को पाताल से उठाकर बचाया था। इसमें विष्णु की महिमा, वराह अवतार की कथा, और भक्ति की महत्ता का उल्लेख है।

15. **वामन पुराण:** यह पुराण भगवान विष्णु के वामन अवतार पर आधारित है। इसमें वामन अवतार की कथा और बलि राजा के साथ उनकी लीला का वर्णन है। इसमें विष्णु की महिमा और उनके विभिन्न अवतारों का महत्व बताया गया है।

16. **कूर्म पुराण:** कूर्म पुराण में विष्णु के कूर्म (कच्छप) अवतार की कथा है, जिसमें उन्होंने समुद्र मंथन के दौरान मंदराचल पर्वत को अपनी पीठ पर धारण किया था। इसमें विष्णु के अन्य अवतारों और धर्म, भक्ति, तथा मोक्ष के विषय पर चर्चा की गई है।

17. **मत्स्य पुराण:** मत्स्य पुराण भगवान विष्णु के मत्स्य अवतार पर आधारित है, जिसमें उन्होंने राजा सत्यव्रत को प्रलय से बचाया था। इसमें मत्स्य अवतार की कथा के साथ-साथ सृष्टि, धर्म, और अनुष्ठानों का विवरण है।

18. **ब्रह्मवैवर्त पुराण:** इस पुराण में सृष्टि, भगवान विष्णु, राधा-कृष्ण की महिमा, और विभिन्न धार्मिक अनुष्ठानों का वर्णन किया गया है। इसमें भक्ति, पूजा, और जीवन के विभिन्न पहलुओं पर ध्यान दिया गया है। यह पुराण मुख्य रूप से ब्रह्मा, विष्णु, और शिव की महत्ता पर आधारित है।

ये 18 पुराण भारतीय धर्म और दर्शन के गूढ़ ज्ञान को संजोए हुए हैं, जिनमें सृष्टि, धर्म, भक्ति, मोक्ष, और सामाजिक आचरण के नियमों का वर्णन है।

ब्रह्म पुराण की दिव्यता

ब्रह्म पुराण,
सृष्टि का आरंभ,
उस अनंत ब्रह्म की गाथा,
जिसने संपूर्ण जगत को आकार दिया,
जिसकी असीम ऊर्जा में,
हर जीव की प्राणधारा बसी है,
यह पुराण,
ज्ञान और भक्ति का अनूठा संगम,
हर शब्द में छिपा है सृष्टि का रहस्य।

जब काल की पराकाष्ठा में,
ध्वनि होती है ब्रह्म का,
तो सृष्टि का नवीनीकरण होता है,
प्रकृति का कण-कण गूंजता है,
उस अदृश्य शक्ति की महिमा में,
जो समय के पार,
संपूर्ण ब्रह्मांड को जोड़ती है,
वह निराकार,
जो साकार में बसा है।

कृष्ण, शिव, दुर्गा,
सभी की महिमा का समावेश,
जब वेदों की गूंज में,
विवाहित होती है भक्ति की लहर,
तब ब्रह्म की उपासना में,
सर्वत्र छाई होती है शांति,
प्रेम और समर्पण का महापर्व।

कथा में बसी है सृष्टि की लीलाएँ,

सर्ग और प्रलय का चक्र,
यह ब्रह्म पुराण,
अज्ञानता से ज्ञान की ओर,
उठता है हर भक्ति के मन में,
एक ऐसा दीप,
जो अंधकार में राह दिखाता है।

आओ, हम खोजें उस अदृश्य को,
जिसने हमें दिया है अस्तित्व,
ब्रह्म का स्वरूप,
जो सृष्टि की हर कण में छिपा है,
हर गंध में,
हर रंग में,
वह अद्वितीय,
जिसकी पहचान केवल अनुभव में है।

इस पुराण के पन्नों में,
दर्शन और भक्ति का आलोक,
जब हम इसे पढ़ते हैं,
तो समझते हैं जीवन का अर्थ,
धर्म का पालन और सत्कर्म,
जो हमें जोड़ते हैं एक अदृश्य धागे से,
सभी जीवों के साथ।

ब्रह्म पुराण की इस कथा में,
छिपा है प्रेम और ज्ञान का जादू,
जो हमें सिखाता है,
कैसे जीना है प्रेम में,
कैसे हर जीव की आत्मा में,
खोजना है उस परमात्मा को,
जो सृष्टि के हर कण में,
सदा विद्यमान है।

विष्णु पुराण की गूढ़ कथा

विष्णु पुराण,
आधुनिकता के बीच,
एक प्राचीन गूढ़ता,
जिसमें छिपा है ब्रह्मांड का रहस्य,
जहाँ समय के चक्र में,
जीवों का जन्म और मृत्यु
एक अनंत लहर की तरह बहता है,
सृष्टि की हर कड़ी में।

विष्णु,
सुरक्षा और संरक्षण का अवतार,
जब प्रकट होता है,
असुरों की दुष्टता से,
उसकी लीला,
समुद्र मंथन से निकलती,
अमृत की धार,
जो जीवन का अमिट संकेत देती है।

सृष्टि के हर चरण में,
उसका हाथ होता है,
सभी जीवों की रक्षा में,
सहारा देने वाला,
जब अंधकार छा जाता है,
विष्णु के चरणों की छाया में,
सभी संकट मिटते हैं,
एक नई सुबह का आगाज़ होता है।

ग्रहों का चक्र,

नक्षत्रों का सामंजस्य,
ब्रह्मांड की गहराइयों में,
विष्णु की दृष्टि है,
हर जीव, हर कण में,
उसकी उपस्थिति का अहसास है,
जिसमें बसी है एकता,
सृष्टि की हर धड़कन में।

प्रभु का स्वरूप,
निराकार,
अनंत रूपों में,
जो हर मन में बसा है,
जब हम उसे पहचानते हैं,
तो जीवित हो उठता है ज्ञान,
एक आंतरिक प्रकाश की तरह,
जो हमें जोड़ता है सृष्टि से।

विष्णु पुराण का संदेश,
शांति और प्रेम का,
जो हमें सिखाता है,
किस तरह जीना है,
एक दूसरे के साथ,
जब हम मिलकर चलते हैं,
तो जीवन का हर रंग खिल उठता है,
एक अद्भुत संगम में।

इस पुराण के पन्नों में,
छिपे हैं अनंत ज्ञान,
जब हम इन्हें पढ़ते हैं,
तो अनल को समझते हैं,
जीवन के असली अर्थ को,

जो सिखाता है हमें,
कैसे हर कठिनाई को पार करना है,
कैसे हर असुर को समाप्त करना है।

आओ, हम मिलकर चलें इस मार्ग पर,
जहाँ हर पल है एक नई शुरुआत,
जहाँ हर अनुभव है एक नया सबक,
विष्णु पुराण की इस गूढ़ गाथा में,
हम खोजते हैं अपने भीतर की शक्ति,
जो हमें सिखाती है,
जीवन का असली आनंद,
जो सदा बनी रहे,
एक नए कल की ओर।

शिव पुराण की अनकही कथा

शिव पुराण,
विविधता और एकता की गाथा,
शिव, जो त्रिदेवों में अद्वितीय,
ध्वंसक और रक्षक का संगम,
जो शांति का प्रतीक,
जब वह नृत्य करता है,
तब सृष्टि की हर धड़कन थम जाती है,
तब गूंजती हैं तारों की आवाज़ें,
महाकाल की धुन में।

कैलाश की चोटियों पर,
उसकी तपस्विता का आलोक,
गंगाधर शिव,
जिनके मस्तक पर,
गंगा की लहरें लहराती हैं,
जिनकी आंखों में बसी है,
सृष्टि के अनंत रहस्यों की छवि,
एक ऐसी ऊर्जा,
जो जीवन को गति देती है।

शिव का तांडव,
आसमान को झकझोरता है,
सृष्टि की नवीनीकरण की गूंज,
जिसमें भस्म और अमृत का संगम,
जब असुरों का आतंक बढ़ता है,
तब महादेव अपनी शक्ति दिखाते हैं,
एक एकल शक्ति,
जिसमें बसी है संहार और निर्माण।

शिव और शक्ति,
दोनों का एक अद्वितीय मेल,
दुर्गा, काली, पार्वती,
जिनकी शक्तियों से भरपूर,
जब मिलती हैं,
तब सृष्टि का संतुलन बना रहता है,
एक ऐसी सृष्टि,
जो प्रेम और बलिदान का प्रतीक है।

शिव पुराण का संदेश,
अहंकार का नाश,
जिसमें बसी है भक्ति,
जो हमें सिखाती है,
कैसे जीना है जीवन,
समर्पण और निष्ठा के साथ,
हर कठिनाई में,
उसके चरणों में आस्था का सहारा।

तंत्र, मंत्र, यंत्र,
शिव के पूजन में छिपा है ज्ञान,
जब हम साधना करते हैं,
तो अनुभव करते हैं,
उसकी कृपा की अद्भुत शक्ति,
जो हर बाधा को मिटा देती है,
एक नई चेतना का संचार करती है।

आओ, हम मिलकर चलें इस मार्ग पर,
जहाँ हर पल है उसकी उपस्थिति,
जहाँ हर सांस में बसी है,
शिव की महिमा,
उसकी महक में खो जाएं,

ताकि हम भी एक बन सकें,
सृष्टि के अनंत प्रेम का,
महाकाल की अनकही गाथा में।

जब हम उसकी लीला का अनुभव करते हैं,
तो समझते हैं जीवन का सार,
जो हमें बताता है,
कि मृत्यु केवल एक परिवर्तन है,
एक नई यात्रा की शुरुआत,
शिव पुराण के इस ज्ञान में,
हम सब बंधे हैं,
अनंत प्रेम के ताने-बाने में

भागवत पुराण की अनंतता

भागवत पुराण,
भक्ति का अनंत स्रोत,
जिसमें बसी है प्रेम की महिमा,
कृष्ण की लीलाएँ,
एक पवित्र गाथा,
जो सृष्टि के हर कण में गूंजती है,
पुलकित करता है हृदय को,
संगम बनाता है आत्मा और परमात्मा का।

गोकुल की गोद में खेलता,
कान्हा,
मधुर स्वर में बजी बांसुरी,
जब वह राधा के संग नृत्य करता,
तब प्रेम का अभिषेक होता है,
हर गंध में,
हर रंग में,
जिससे जीवन की सच्चाई झलकती है।

यशोदा का प्यारा,
जिसकी मुस्कान में छिपा है सारा संसार,
गोपियों का प्यार,
उनकी भक्ति का उत्सव,
जो दर्पण में उनकी छवि को दर्शाता,
भक्तों का हृदय,
कृष्ण के चरणों में अर्पित,
जिससे हर दुःख का क्षय होता है।

कृष्ण का संजीवनी,

जब गिरधर गोपाल बनकर आता है,
धर्म का रक्षक,
जब कंस के बंधनों को तोड़ता है,
तब सृष्टि में नई रोशनी का आगाज़ होता है,
जहाँ प्रेम की हर बूँद में,
जीवन का अर्थ छिपा होता है।

भागवत पुराण का संदेश,
सच्चे प्रेम और समर्पण का,
जो सिखाता है,
कैसे जीना है एक-दूसरे के लिए,
कैसे भक्ति में मिलती है शक्ति,
जब हम अपने अहंकार को छोड़कर,
सद्गुणों का आचरण करते हैं।

महाभारत की गाथाएँ,
जो भक्ति के रंग में रंगी हुई हैं,
कृष्ण के अद्भुत संवाद,
जो अर्जुन के हृदय में ज्ञान की ज्योति जगाते हैं,
एक अनोखी यात्रा,
जो हमें सिखाती है,
किस तरह जीतना है स्वयं को,
युद्ध में और जीवन के रण में।

इस पुराण के पन्नों में,
धर्म, भक्ति और प्रेम की साक्षी,
जब हम इन्हें पढ़ते हैं,
तो आत्मा की गहराइयों में जाते हैं,
जहाँ हर शब्द में,
बसी है एक नई चेतना,
जो हमें जोड़ती है सृष्टि से।

आओ, हम सब मिलकर गाएं,
भागवत पुराण की इस दिव्य कथा,
जहाँ प्रेम की हर लहर में,
मिला हो एकता का बोध,
जहाँ हर हृदय में बसी हो,
कृष्ण की अनंत कृपा,
जिससे हमें मिले जीवन का सार।

अग्नि पुराण की अग्निमय गाथा

अग्नि पुराण,
अग्नि का अद्भुत शास्त्र,
जिसमें बसी है सृष्टि की रचना,
ज्योतिष और अग्नि की महिमा,
आत्मा की ऊष्मा से भरी,
हर कण में छिपी आग,
जो जीवन के हर पहलू को जलाती है,
आग से उपजा प्रकाश,
जो अंधकार को दूर करता है।

अग्नि,
वह शुद्धता का प्रतीक,
जिसने धरती की छाती पर,
हर तत्व को पाला है,
संग्रह किया है ऊर्जा का,
जो हमें देता है जीवन,
पुनर्जन्म की परिकल्पना,
जिसमें हर अंत में नया आरंभ है।

अग्नि की ताप से तपता,
मनुष्य का मन,
जब वह सच्चाई की खोज में,
करता है साधना,
तब अग्नि का ये पुराण,
दिखाता है मार्ग,
धर्म और कर्म की ओर,
जो जीवन की सार्थकता का आधार है।

यज्ञों का उद्घाटन,
अग्नि के प्रति अर्पण,
जब मनुष्य एकता में बंधता है,
तब सामूहिकता की भावना,
हर हृदय में जगती है,
यह पुराण सिखाता है,
कैसे जुड़ें प्रकृति से,
कैसे भक्ति में समर्पित हों,
अग्नि के अलौकिक ज्ञान में।

अग्नि का रौद्र रूप,
जब उग्र होता है,
तब यह चेतावनी है,
जो दर्शाती है जीवन की नश्वरता,
आग का प्रभाव,
सदाचार और दुष्कर्म का परिणाम,
यह पुराण हमसे कहता है,
धर्म का पालन करें,
तभी सृष्टि का संतुलन बना रहेगा।

आओ, हम समझें अग्नि की महत्ता,
उसके ताप में छिपा जीवन का सार,
इस अग्नि पुराण की गूंज में,
हर धड़कन में,
हर विचार में,
महासत्य का बोध हो,
जिससे हम आगे बढ़ें,
प्रेम और समर्पण की राह पर।

इस पुराण के ज्ञान से,
प्रेरित होकर,

हम बनाएं अपनी पहचान,
अग्नि की शक्ति से,
जो हर जीव को जोड़ती है,
और हमें देती है,
जीवन के सच्चे अर्थ का अहसास।

गरुड़ पुराण की नश्वरता

गरूड़ पुराण,
कथा उस अद्भुत पक्षी की,
जिसने धर्म और अधर्म के बीच,
संसार को जोड़ा है,
गरूड़,
विष्णु का वाहन,
जो है गगन की ऊँचाईयों का प्रतीक,
उसकी पंखों की छाया में,
सृष्टि के रहस्यों का आलोक छिपा है।

इस पुराण की पंक्तियों में,
बसी हैं आत्मा की कहानियाँ,
जीवन की यात्रा का सार,
धर्म, कर्म और मोक्ष की धारा,
सिखाती है हमें,
कैसे जीना है सच्चाई में,
कैसे ढूंढना है सुख का स्रोत,
जो बसा है भक्ति के गर्भ में।

गरूड़ की उड़ान में है स्वतंत्रता,
जिसने धर्म की राह दिखाई है,
दुख और सुख के चक्र में,
जो व्यक्ति को बनाता है सजग,
सदगुणों की छाया में,
यह पुराण है ज्ञान का महासागर,
जिसमें डूबकर हम पा सकते हैं,
जीवन का सही अर्थ।

इस पुराण में छिपे हैं मंत्र,
जो जागृत करते हैं चेतना को,
कर्मों के फल का ज्ञान,
जो बताता है हमें,
कैसे कर्तव्य का पालन करें,
कैसे सच्चाई की रक्षा करें,
यह पुराण हमें जोड़ता है,
प्रकृति और ब्रह्माण्ड से।

गरूड़ पुराण की शिक्षाएँ,
हमें प्रेरित करती हैं,
हर मनुष्य की आत्मा में,
बसी होती है गरूड़ की शक्ति,
जो उसे बनाती है अद्वितीय,
धर्म की गहराईयों में,
जो बताती है,
कैसे उड़ान भरें हम,
संघर्षों के बीच,
सुख की ऊँचाईयों की ओर।

इस पुराण की गूंज में,
बसी है प्रेम की धुन,
जो हमें एक बनाती है,
संसार की विविधताओं में,
हम एक हैं,
इस भाव के साथ,
गरूड़ की महिमा को समझें,
आओ, हम सब मिलकर,
उड़ा लें जीवन के आसमान में,
एक नई सुबह का स्वागत करें।

स्कन्द पुराण की गूंज

स्कन्द पुराण,
कथा उस वीरता की,
जो कर देती है आत्मा को सजग,
कार्तिकेय का इतिहास,
धर्म और युद्ध का संगम,
जहाँ बसी है शक्ति,
एकता और अडिग संकल्प की।

यह पुराण,
पर्वतों की ऊँचाइयों से,
गहरी नदियों की धारा तक,
हर धड़कन में बसा है,
सृष्टि का अद्भुत स्वरूप,
हर कण में छिपी है कथा,
संघर्ष और विजय की अनकही बातें।

कार्तिकेय की महिमा,
विज्ञान और भक्ति का समागम,
दिव्य मयूर का रथ,
जो लाता है विजय की आस,
उसके साहस में छिपा है,
हर बाधा को पार करने का अद्वितीय मार्ग,
युद्ध और नीति का अभ्युदय।

इस पुराण में बसी है,
माँ दुर्गा की आराधना,
कभी शक्ति, कभी करुणा,
जो जगती है हर अंत में,

सच्चाई की रक्षा में,
जब जब अधर्म हावी होता है,
माँ का स्वरूप लेती है,
संसार को संजीवनी देने।

स्कन्द पुराण,
यह न केवल एक ग्रंथ,
वरन एक प्रेरणा,
हर पंक्ति में छिपी है जीवन की सार्थकता,
कर्म का महत्व,
और भक्ति का अनुपम फल,
जो दिखाता है,
कैसे समर्पण में मिलती है,
असाधारण शक्ति की पहचान।

आओ, हम सब मिलकर,
इस पुराण की गूंज में खो जाएं,
जोड़ें अपने हृदय को,
कार्तिकेय की साहसिकता से,
धर्म की राह पर चलते हुए,
हम बनाएं एक नया इतिहास,
जहाँ सच्चाई की विजय हो,
और प्रेम की धारा बहती रहे,
स्कन्द पुराण की महिमा में,
हम सब मिलकर उड़ें।

पदम पुराण की सजीवता

पदम पुराण,
कथा उस अनंत की,
जो हमें जोड़ती है,
प्रकृति के हर रंग से,
उसमें बसी हैं जड़ें और तना,
गहराई में छिपा जीवन का सार,
जहाँ ज्ञान और भक्ति,
संगम बनाते हैं।

यह पुराण है सृष्टि का चित्रण,
प्रेम और करुणा का अनोखा संयोग,
श्री विष्णु की लीला,
जिसमें छिपा है सब कुछ,
सुर और असुर की गाथा,
युद्ध और समर्पण का बखान,
जो बताता है कि जीवन में,
हर संघर्ष का होता है अर्थ।

पदम पुराण में है सजीवता,
संसार के हर कण में बसी है कथा,
हर जीव में, हर प्रकृति में,
एक अद्भुत लय है,
जो बुनती है संबंध,
एकता की छवि में,
बिना भेदभाव के।

इसमें छिपे हैं मंत्र,
जो प्रेरित करते हैं आत्मा को,

जीवन की उलझनों में,
कर्म का महत्व बताते हैं,
धर्म की राह पर चलकर,
हम अपने अस्तित्व को पहचानते हैं,
हर कदम पर मिलता है ज्ञान,
जिससे जगती है चेतना।

यह पुराण हमें सिखाता है,
कैसे बनाएं प्रेम का दीप,
कैसे जलाएं आस्था की अग्नि,
जो अंधकार को मिटा दे,
हर बाधा को पार करते हुए,
हम बने सच्चे साधक,
सत्य और प्रेम की ओर अग्रसर।

पदम पुराण की इस महिमा में,
सर्वत्र बसी है एकता,
प्रेम की भावना,
जो हमें जोड़ती है,
आओ हम सब मिलकर,
इस पुराण की गूंज में खो जाएं,
सृष्टि के हर रंग को अपनाएं,
और प्रेम का एक नया अध्याय लिखें,
पदम पुराण की अनुभूति में।

वायु पुराण की धड़कन

वायु पुराण,
उस आकाशीय तत्व की महिमा,
जिसने जीवन को संजीवनी दी,
वायु
संसार की धड़कन,
जो हर जीव की चेतना में,
गूंजती है निरंतर,
एक अदृश्य शक्ति,
जो सब कुछ चलायमान रखती है।

इस पुराण में बसी हैं कहानियाँ,
प्रकृति के संगम की,
जहाँ पवन की हलचल,
सागर की लहरों से मिलती है,
धरती की गोद में,
जड़ी-बूटियों का खजाना है,
जो मनुष्य को देती है स्वास्थ्य,
प्रेम की महक से भरपूर।

वायु पुराण,
कथा उस सृष्टि की,
जो सिखाती है हमें संतुलन,
जीवन का आधार है वायु
जो देती है सजीवता,
सभी तत्वों के साथ,
एक मधुर ताल में बंधकर,
हमें चलाती है,
आगे की ओर,

सपनों की ओर।
यह पुराण बताता है,
किस तरह वायु के संग,
हम जीवन का रस खोजें,
प्रेम और भक्ति का अनुभव करें,
हर सांस में हो एक नई कहानी,
हर क्षण में हो एक नया अनुभव,
जो हमें जोड़ता है एक अद्वितीय बंधन में,
सभी जीवों के साथ।

वायु पुराण की गूंज में,
बसी है यात्रा की प्रेरणा,
संसार के प्रत्येक कण में,
एक गहराई है,
जिसे पहचानना है हमें,
अपने अस्तित्व की सार्थकता में,
हर लहर में, हर झोंके में,
छिपा है जीवन का संदेश।

आओ, हम सब मिलकर,
इस पुराण की सच्चाइयों में खो जाएं,
वायु के साथ उड़ें,
अपने सपनों को पंख दें,
हर दिशा में फैलाएं प्रेम,
और जीवन का एक नया अध्याय लिखें,
वायु पुराण की महिमा में,
हम सब मिलकर बढ़ें।

नारद पुराण का अमृत

नारद पुराण,
कथा उस ऋषि की,
जिसका नाम है सदा गूंजता,
स्वर्ग से धरती तक,
संसार की हर धड़कन में,
जो संचारित करता है,
ज्ञान और भक्ति का अमृत।

यह पुराण है संवाद का,
भावनाओं का पुल,
जिसमें बसी हैं कहानियाँ,
प्रेम और समर्पण की,
नारद की मृदु वाणी में,
लिपटी हैं सच्चाई की परतें,
जो सिखाती हैं हमें,
कैसे चलते रहना है,
जीवन की इस कठिन राह पर।

नारद,
जो भक्तों का है सखा,
कभी देवताओं का संदेशवाहक,
उसकी लीलाओं में बसी है,
धर्म और कर्म की अद्भुत परिभाषा,
वह जो चलाता है,
कर्मों की गाड़ी को,
सच्चाई के मार्ग पर।

इस पुराण में हैं उपदेश,

भक्ति का वास्तविक स्वरूप,
जो बंधता नहीं,
किसी भी बंधन में,
सिर्फ प्रेम की ऊँचाइयों को छूता है,
हर दिल में बसा है,
नारद का अनुपम संदेश,
जीवन में प्रेम और सद्भावना।

यहाँ हैं अद्भुत कथाएँ,
देवता, दानव और मानव का संग,
नारद की कृपा से,
हर बाधा को पार करते हुए,
सृष्टि की रचना और विघटन,
समर्पण की छाया में,
जुड़ते हैं सभी एक सूत्र में।

नारद पुराण,
संदेश का एक बहाव,
जो बहता है जीवन की धारा में,
हर जीव को एकता का अनुभव कराता है,
आओ हम सब मिलकर,
इस पुराण की गूंज में खो जाएं,
नारद के चरणों में,
सच्चाई और प्रेम का दीप जलाएं,
सृष्टि की हर गली में,
खुशियों का प्रकाश फैलाएं।

मार्कण्डेय पुराण की शक्ति

मार्कण्डेय पुराण,
जीवन की गहरी शक्ति
एक ऋषि की साधना की कहानी,
जिसने समय को अपने से बांध लिया,
नश्वरता से परे,
अमरत्व की खोज में,
वह एक दीप की तरह चमकता है,
सत्य की ओर अग्रसर।

इस पुराण में बसी है गाथा,
सृष्टि की सृजन और संहार की,
जहाँ शिव और शक्ति का संगम,
है एक अद्भुत प्रेम कथा,
मार्कण्डेय का आशीर्वाद,
हर संकट से पार करने की शक्ति,
जब आ जाता है काल,
वह भी नहीं डरता,
अपने विश्वास के बल पर।

यहाँ हैं अद्वितीय दृष्टांत,
समर्पण और भक्ति के,
सुख-दुख की यात्रा में,
जो सिखाती है हमें,
कैसे हर परिस्थिति में रहना है स्थिर,
नकारात्मकता के बीच भी,
कैसे देखना है जीवन की रोशनी,
एक अनमोल उपहार की तरह।

मार्कण्डेय पुराण,
कहानी उस तपस्वी की,
जिसने भक्ति के द्वारा,
धर्म की रक्षा की,
समाज को सिखाया,
सच्चाई और नैतिकता का मूल्य,
हर जीव में देखी आत्मा,
एकता का प्रतीक,
जो सभी को जोड़ता है।

इस पुराण की गहराई में,
छिपा है जीवन का सार,
जो कहता है,
हर क्षण में है संभावनाएँ,
हर कष्ट में है एक सीख,
आओ हम सब मिलकर,
इस पुराण की गूंज में खो जाएं,
मार्कण्डेय की साधना का जश्न मनाएं,
जीवन की हर गली में,
धैर्य और साहस का दीप जलाएं।

भविष्य पुराण की संभावनाएं

भविष्य पुराण,
कथा उन संभावनाओं की,
जो जीवन के हर मोड़ पर हैं छिपी,
किसी अदृश्य सिरे से बंधी,
जो हमें सिखाती है,
कैसे जीना है भविष्य के लिए,
हर विचार में, हर कर्म में,
आत्मा की गहराई को पहचानना है।

इस पुराण की पंक्तियों में बसा है,
काल का जादू,
जो अतीत और वर्तमान को जोड़ता है,
दृष्टि की एक नई परत खोलता है,
कभी भविष्य की चिंता में,
कभी अतीत की परछाइयों में,
फिर भी हमें सिखाता है,
कैसे जिएं वर्तमान में,
जन्मों का अनुभव लेकर।

भविष्य पुराण,
धर्म और संकल्प का समागम,
जब दुनिया का हर रंग बदलता है,
जब परिवर्तन की लहरें आती हैं,
यह बताता है,
कैसे हम अपने निर्णयों को संवारें,
एक सशक्त भविष्य की ओर,
सपनों को पंख दें।
यहाँ है भविष्य का आलोक,

जहाँ ज्ञान की बौछार है,
समाज की हर धड़कन में,
समर्पण की गूंज है,
जो एकता की भावना को जगाती है,
सभी जीवों में एक आत्मा की खोज में,
जो जोड़ता है हमें एक सूत्र में।

भविष्य पुराण,
कथा उस परिवर्तन की,
जो मानवता को सजग बनाता है,
हर कठिनाई में,
हर विपरीत परिस्थिति में,
साहस की किरण बिखेरता है,
आओ हम सब मिलकर,
इस के आलोक में खो जाएं,
संभावनाओं का उजाला फैलाएं,
जीवन के हर क्षण में,
सकारात्मकता का दीप जलाएं।

लिंग पुराण की महिमा

लिंग पुराण,
गूंजता है अनंतता के रहस्यों में,
कहानी उस अदृश्य शक्ति की,
जो सृष्टि को आकार देती है,
जो पुरुष और महिला के बीच का संतुलन है,
एक लय में बंधा,
अहम् और तात्त्विकता का संगम।

इस पुराण की धारा में है प्रवाह,
शिव की दिव्य उपासना,
लिंग रूप में प्रकट,
जिसकी आराधना में है शक्ति,
जागृति का नारा,
समर्पण का संगम,
जहाँ जीवन की हर धड़कन,
उस अज्ञेय को पहचानती है।

लिंग की महिमा में बसी है,
सृष्टि की हर कड़ी,
जो एक दूसरे से जुड़ी है,
दिव्य प्रेम की धारा में,
इस पुराण की महिमा,
समाज को जोड़ती है,
संस्कार और संस्कृति के ताने-बाने में।

यहाँ हैं अद्वितीय दृष्टांत,
साधना के चरणों की रज,
शिव की आराधना में बसी,

भक्ति और प्रेम की उन्नति,
जब अंधकार में जलती है ज्योति,
तो मनुष्य को दिखाती है,
एक सच्चे जीवन की राह।

लिंग पुराण,
समर्पण का प्रतीक,
जो कहता है,
सभी रूपों में बसी है दिव्यता,
पुरुषत्व और नारीत्व का संतुलन,
एक-दूसरे की पहचान में,
जो हमें सिखाता है,
कैसे हम सृष्टि के रचनाकार हैं,
प्रेम, साहस और समर्पण से।

आओ, इस पुराण की गूंज में खो जाएं,
संवेदनाओं का विस्तार करें,
जीवन के हर रंग में,
एकता का संदेश फैलाएं,
लिंग की महिमा में,
सभी जीवों का संगम,
जहाँ हर क्षण में,
प्रेम की लौ जलती रहे।

वराह पुराण की पुकार

वराह पुराण,
कथा उस दिव्य वराह की,
जो धरती के गर्भ से प्रकट हुआ,
सृष्टि के संतुलन का प्रतीक,
जब धरती संकट में थी,
उसने धारण किया,
संरक्षण का mantle,
एक नई शुरुआत की ओर।

इस पुराण में बसी है सृष्टि की महिमा,
धरती की कोख से निकला वराह,
जो सभी जीवों के लिए,
एक आश्रय बनकर आया,
प्रकृति की हर नब्ज में,
उसकी शक्ति का संचार है,
जिसने जीवों को बचाया,
धरा के कोने-कोने में।

वराह की गाथा में हैं अद्भुत दृश्य,
जब आसमान में घटित हुए परिवर्तन,
पवित्रता और धर्म का आह्वान,
सभी देवों की एकता,
जिन्होंने बुराई को मिटाने का संकल्प लिया,
वराह की पुकार में समाहित,
मानवता की रक्षा का संदेश।

यह पुराण हमें सिखाता है,
कैसे प्रेम और साहस के साथ,

हर संकट का सामना करना है,
वराह की कथा में है पुकार,
संघर्ष और विजय का उत्सव,
जब हम अपनी भूमि को प्रेम से सींचते हैं,
प्रकृति की आभा में खो जाते हैं।

वराह पुराण,
धर्म और आस्था का संबल,
जो याद दिलाता है,
हर जीव का जीवन मूल्यवान है,
आओ हम सब मिलकर,
इस पुराण की पुकार में खो जाएं,
धरती की रक्षा में हाथ बढ़ाएं,
वराह की महिमा में,
प्रेम और समर्पण का दीप जलाएं।

यह कथा हमें प्रेरित करती है,
हर मुश्किल में धैर्य रखकर,
संघर्ष की राह पर बढ़ने की,
वराह की शक्ति से सजीव,
संगठित होकर,
एक नये युग का निर्माण करें,
धरती के हर कण में,
जीवों की सुरक्षा का संकल्प लें।

वामन पुराण की महानता

वामन पुराण,
छोटे आकार में बसी है महानता,
जब देवों की रक्षा के लिए,
विष्णु ने लिया एक नन्हा रूप,
एक ब्रह्मा से लेकर,
दुख और संकल्प की हर परत को छूते हुए,
संसार की नींव को सुदृढ़ करने का एक प्रयास।

वामन,
जिसने तीन पग में लांघा,
संसार के हर कोने को,
स्वर्ग की ओर पहुंचाया,
जब बलि ने धरा को छीन लिया था,
तब सत्य की पुकार को,
एक देव का स्वर मिला।

यह पुराण सिखाता है,
कैसे दान और श्रद्धा से,
जीवन को अर्थ मिल सकता है,
बलि की उदारता,
और वामन की चातुरी,
सिखाती है हमें,
कि समर्पण में है असली ताकत।

जब वामन ने लिया तीन पग,
पहला पग धरती पर,
दूसरा आकाश में,
और तीसरा पग,

स्वर्ग के सिंहासन पर,
विजय की महिमा गूंज उठी,
सृष्टि की हर कड़ी में।

इस पुराण में छिपे हैं सबक,
एकता और सामंजस्य का,
जो दर्शाता है कि,
सभी प्राणियों का स्थान है,
संसार में,
जब हम एक दूसरे को सम्मान देते हैं।

वामन पुराण,
विजय और भक्ति का संदर्श,
एक छोटी सी कहानी,
जिसमें बसी है महानता,
आओ, हम सब मिलकर,
इस पुराण के शोर में खो जाएं,
सच्चाई और साहस का दीप जलाएं,
और हर दिल में भर दें प्रेम का प्रकाश।

यह कथा प्रेरित करती है,
जीवन के हर मोड़ पर,
धैर्य और समर्पण के साथ,
क्योंकि हर छोटी बात में है,
एक बड़ी सच्चाई,
जो हमें जोड़ती है,
वामन की महिमा में,
धरा से स्वर्ग तक का सफर।

कूर्म पुराण की प्रेरणा

कूर्म पुराण,
कछुए के रूप में,
एक दिव्य कथा का आगाज़,
जब धरती को चाहिए था सहारा,
आसमान से लेकर पाताल तक,
सृष्टि की हर कड़ी को बचाने का काम।

कछुआ,
जिसने धरा को अपने कंधों पर उठाया,
जब समुद्र मंथन की आवश्यकता थी,
उसने धैर्य और शक्ति से,
सभी देवी-देवताओं को एकत्र किया,
आसमान के तारे से,
पाताल के राक्षसों तक,
एक सच्ची साझेदारी का निर्माण।

यह पुराण बताता है,
कैसे एक छोटे जीव ने,
बड़ी जिम्मेदारी को स्वीकार किया,
कभी न थकने वाला,
कभी न चूकने वाला,
हर संकट के समय,
वह बना एक आधार।

जब अमृत की खोज में,
हुई समुद्र मंथन की शुरुआत,
कूर्म ने अपने आप को खोला,
और सृष्टि के रहस्यों को प्रकट किया,

पारिजात,
कामधेनु और ऐरावत,
सभी उसकी छांव में पनपने लगे।

कूर्म पुराण,
एक धैर्य की कहानी,
सिखाता है हमें,
कि सबसे छोटे में भी,
छिपा होता है बड़ा बल,
जिसे पहचानने की जरूरत है,
हमारी संवेदनाओं में।

यह पुराण प्रेरणा देता है,
प्रकृति और उसके संतुलन की,
जब कछुआ बना पहरेदार,
धरती और जल के बीच,
हर जीव की सुरक्षा का दायित्व।

आओ हम सब मिलकर,
इस पुराण की प्रेरणा में खो जाएं,
कछुए की धैर्य और संयम की महिमा में,
हम भी बनें सहयोगी,
धरती के हर प्राणी के लिए,
एक नई दुनिया की तलाश में।

कूर्म पुराण,
सत्य और सेवा का प्रतीक,
जब हम अपनी जिम्मेदारियों को समझें,
हम बनेंगे सच्चे सिपाही,
धरती के हर कोने में,
एक नई आशा का संचार करेंगे।

मत्स्य पुराण की धारा

मत्स्य पुराण,
जल में छिपा एक अनमोल रहस्य,
जहां मछली ने लिया अवतार,
जब धरती पर आई विपत्ति,
प्रलय का साया मंडराया,
किसी ने सोचा नहीं था,
एक छोटे जीव में छिपा है,
इतिहास का बड़ा मोड़।

जब ब्रह्मा ने संसार की रचना की,
और देवताओं ने धरती की सुरक्षा के लिए,
मत्स्य ने दिखाई अपनी महिमा,
नदियों के जल में,
सागर की गहराइयों में,
उसने उठाया आह्वान,
सभी प्राणियों के कल्याण का।

एक बार,
जब दुष्टों ने फैलाया आतंक,
और धरती को खो दिया संतुलन,
उसने किया देवताओं से संपर्क,
अवतार की आवश्यकता थी,
तब मत्स्य ने लिया जल में प्रकट,
धैर्य और साहस का अवतार।

इस पुराण में छिपी हैं कहानियां,
जिसमें सिखाई गई है संजीवनी,
कैसे जीवन के संकट में,

हर जीव की रक्षा की जा सकती है,
एक छोटी सी मछली ने,
सृष्टि की धारा को बदल दिया।

मत्स्य पुराण,
एक संदेश है पर्यावरण का,
जल, भूमि और वायु का संतुलन,
सभी जीवों की भलाई के लिए,
जब जल श्रोत सूखते हैं,
हमारी जिम्मेदारी है,
संरक्षण का।

यह पुराण बताता है,
किस तरह मत्स्य ने उद्धार किया,
एक नन्हे जीव ने,
कितनी बड़ी लड़ाई लड़ी,
जब धरती और जल का संगम हुआ,
असत्य पर सत्य की विजय।

आओ, हम सब मिलकर,
मत्स्य पुराण की धारा में खो जाएं,
इससे सीखें कि,
कभी छोटे को कम मत समझो,
क्योंकि सच्चाई और साहस,
हर आकार में प्रकट हो सकते हैं,
हर जीव में छिपी है एक कहानी,
जो सिखाती है हमें,
संसार की सच्चाई और इसकी महिमा।

ब्रह्मवैवर्त पुराण की महिमा

ब्रह्मवैवर्त पुराण,
एक अद्भुत कथा का साम्राज्य,
जहां ब्रह्मा की रचनाओं की आवाज है,
सृष्टि का आरंभ और अंत,
सभी का एक साथ,
एक सच्चाई का नर्तन।

जब सृष्टि की रचना हुई,
ब्रह्मा ने उठाया कलम,
और लिखी जीवन की परिभाषा,
यहां प्रेम की व्याख्या,
जीवन की जिज्ञासा,
स्वर्णिम संबंधों की माला।

इस पुराण में बिखरे हैं रंग,
धार्मिकता और तात्त्विकता के,
कथा के पात्र,
श्री कृष्ण की लीलाओं में,
ब्रह्मा और देवी के बीच,
रची गई एक नई दुनिया।

कहानी है भक्ति की,
जो प्रेम से परिपूर्ण है,
कृष्ण का माखन चुराना,
गोपियों का प्रेम,
यहां हर प्रेम की मूरत,
संगीत में बसी है।

ब्रह्मवैवर्त,
जीवन के साधन और साधना का अन्वेषण,

विवाह की महत्ता,
संस्कारों की गूंज,
धर्म और अध्यात्म का संगम,
हर व्यक्ति की आत्मा की खोज।

यह पुराण बताता है,
किस तरह सृष्टि का रहस्य,
एक चक्र की तरह घूमता है,
एक सच्चाई में लिपटा हुआ,
धर्म की धारा से बहता,
जीवन का अनन्त प्रवाह।

प्रकृति की सुंदरता,
उसकी लीला,
कृष्ण की मुस्कान में छिपी है,
आओ, हम भी खोजें इस पुराण में,
अपने जीवन की सच्चाई,
अपने अस्तित्व का अर्थ।

ब्रह्मवैवर्त पुराण,
एक प्रेरणा का स्रोत,
हमारे विचारों को जगाता,
प्रेम और भक्ति की महिमा में,
सभी जीवों का कल्याण,
और धरती की रक्षा का संदेश।

हम सब मिलकर,
ब्रह्मवैवर्त की महिमा में खो जाएं,
इससे सीखें कि,
प्रेम ही जीवन है,
एक दूसरे के लिए,
जीने का असली अर्थ।

इतिहास

रामायण और महाभारत भारतीय इतिहास और संस्कृति के दो प्रमुख महाकाव्य हैं, जिनका साहित्य, धर्म, और समाज पर गहरा प्रभाव है। इन दोनों महाकाव्यों में धार्मिक, नैतिक, और सामाजिक आदर्शों को स्थापित करने के साथ-साथ जीवन के महत्वपूर्ण सिद्धांतों की व्याख्या की गई है। इनका संक्षिप्त परिचय इस प्रकार है:

1. रामायण महाकाव्य:

लेखक: महर्षि वाल्मीकि

संक्षिप्त परिचय: रामायण, महर्षि वाल्मीकि द्वारा रचित, एक महान ग्रंथ है जो भगवान राम के जीवन और उनके आदर्शों पर आधारित है। यह महाकाव्य 24,000 श्लोकों में विभाजित है और इसमें सात कांड (अध्याय) शामिल हैं:

बालकांड
अयोध्याकांड
अरण्यकांड
किष्किंधाकांड
सुंदरकांड
लंकाकांड (युद्धकांड)
उत्तरकांड

रामायण भगवान राम के जीवन, उनके वनवास, सीता के अपहरण, रावण के साथ युद्ध, और उनके आदर्श राज्य के पुनः स्थापन की कहानी है। इसमें धर्म, कर्तव्य, और आदर्श जीवन के

सिद्धांतों की व्याख्या की गई है। रामायण में भगवान राम को आदर्श पुत्र, आदर्श पति, और आदर्श राजा के रूप में प्रस्तुत किया गया है। इसमें मर्यादा और कर्तव्य के पालन की महत्वपूर्ण शिक्षाएं दी गई हैं।

2. महाभारत महाकाव्य:

लेखक: महर्षि वेदव्यास

संक्षिप्त परिचय: महाभारत, महर्षि वेदव्यास द्वारा रचित, विश्व का सबसे बड़ा महाकाव्य है, जिसमें लगभग 1,00,000 श्लोक हैं। यह कौरवों और पांडवों के बीच हुए युद्ध की कहानी है, जिसे धर्मयुद्ध कहा जाता है। महाभारत 18 पर्वों (अध्यायों) में विभाजित है, जिसमें प्रमुख रूप से निम्नलिखित घटनाओं का वर्णन है:

पांडवों और कौरवों की उत्पत्ति और संघर्ष
पांडवों का वनवास
द्रौपदी का चीरहरण
भगवान कृष्ण का उपदेश (श्रीमद्भगवद्गीता)
कुरुक्षेत्र का युद्ध
युद्ध के बाद के घटनाक्रम

महाभारत केवल युद्ध की कथा नहीं है, बल्कि इसमें धर्म, राजनीति, न्याय, नैतिकता, और जीवन के गहरे सिद्धांतों का वर्णन है। महाभारत के अंदर, श्रीमद्भगवद्गीता एक महत्वपूर्ण ग्रंथ है, जिसमें भगवान कृष्ण द्वारा अर्जुन को दिए गए उपदेश शामिल हैं। यह उपदेश कर्म, भक्ति, और ज्ञान योग के मार्ग पर आधारित है।

महाभारत जीवन की जटिलताओं और चुनौतियों से निपटने के मार्ग को समझाने का प्रयास करता है।

दोनों महाकाव्य भारतीय संस्कृति के अमूल्य धरोहर हैं और इनमें निहित शिक्षाएं आज भी लोगों के जीवन को दिशा प्रदान करती हैं।

रामायण महाकाव्य

वाल्मीकि रामायण,
एक अनमोल ग्रंथ,
जिसमें बसी हैं सच्चाई की कहानियां,
जहां धर्म और अधर्म की भिड़ंत है,
राम की कथा,
सीता का त्याग,
लक्ष्मण का निष्ठा,
और रावण की महाकथा।

एक समय की बात है,
जब धरती पर असत्य का राज था,
तब भगवान विष्णु ने लिया अवतार,
राम के रूप में,
धर्म की पुनर्स्थापना के लिए,
एक रक्षक, एक योद्धा,
एक आदर्श पुरुष की छवि।

अयोध्या की रानी,
सीता,
जिनकी सुंदरता ने मन मोहा,
वह प्रेम की मूरत,
जिसका हाथ पकड़,
राम ने चलना चाहा,
धर्म और प्रेम के पथ पर।

जब सीता का अपहरण हुआ,
लंकापति रावण ने किया अपहरण
राम ने लिया संकल्प,

धर्म की रक्षा का,
लक्ष्मण संग,
बने वो एक अजेय सेना,
हर बाधा को पार करने को तत्पर।

किष्किंधा की ओर बढ़े,
हनुमान की भक्ति,
सुग्रीव का सहयोग,
सिर्फ एक ध्येय था,
सीता का उद्धार,
एक प्रेम की तलाश,
जिसने अटूट साहस दिया।

सागर पार किया,
लंका में युद्ध का शंखनाद हुआ,
राम की बाण ने उड़ाया रावण,
सत्य की विजय हुई,
धर्म की पुनर्स्थापना,
असत्य का अंत।

सीता की अग्नि परीक्षा,
धैर्य और साहस का प्रतीक,
राम ने किया स्वीकार,
एकता और प्रेम की शक्ति।

वाल्मीकि की काव्य रचना,
सिखाती है हमें जीवन का मार्ग,
धर्म, सत्य और प्रेम का पालन,
हर परिस्थिति में,
हमारे आदर्शों को न भूलना
जीवन की सच्चाई का अनुभव।

वाल्मीकि रामायण,
केवल एक कथा नहीं,
यह है प्रेरणा का स्रोत,
सिखाती है हमें,
कैसे जीना है धर्म के अनुसार,
हर संघर्ष में धैर्य रखना,
और सत्य की राह पर चलना।

आओ, हम सब मिलकर,
राम के आदर्शों को अपनाएं,
सीता की पवित्रता को समझें,
हनुमान की भक्ति का अनुसरण करें,
लक्ष्मण से सीखे बड़ो का अनुगमन
और भरत से भाई के प्रति श्रद्धा
क्योंकि यही है सच्ची विजय,
जीवन की हर चुनौती में,
एकता और प्रेम की महत्ता।

महाभारत की महाकथा

महर्षि वेदव्यास की रचना,
महाभारत,
जिसका अद्भुत जाल,
धर्म और अधर्म की कहानी,
कुरुक्षेत्र की भूमि,
जहां जीवन का युद्ध छिड़ा,
कौरव और पांडवों की कथा,
सिर्फ एक युद्ध नहीं,
बल्कि मानवता के मूल्यों का परीक्षण।

धृतराष्ट्र की दृष्टिहीनता,
संजय की दृष्टि,
द्वारका का कृष्ण,
जो सत्य के पक्षधर,
कृष्ण का संवाद,
जो दर्शाता है ज्ञान का प्रकाश,
आध्यात्मिकता का गहराई,
धर्म के मार्ग पर चलने की प्रेरणा।

द्रौपदी का चीरहरण,
अपमान और संघर्ष की गाथा,
एक नारी का संघर्ष,
जो खड़ी हुई अपने अधिकारों के लिए,
धैर्य और साहस का प्रतीक,
कभी न झुकने वाली,
एक अनकही शक्ति।

भीष्म, द्रोणाचार्य,

वीरता के प्रतीक,
कौरवों और पांडवों की शिक्षा,
जो दिखाती है युद्ध का वास्तविकता,
युद्ध के मैदान में खड़ा धर्म,
कभी-कभी विपरीत होता है,
एक कठिन निर्णय का सामना।

कृष्ण जैसी आ अनंत चेतना
जो हर समय संकटमोचन,
धर्म की रक्षा के लिए,
कभी रथ के सारथी,
कभी मार्गदर्शक,
जो सिखाते हैं हमें,
जीवन के अनेकों पहलुओं का महत्व।

महाभारत की महाकथा
सभी युगों में,
धर्म और अधर्म की परिभाषा,
कभी न्याय का,
कभी अन्याय का संघर्ष,
जीवन की वास्तविकता का गहन आकलन।

युद्ध के परिणाम,
शोक और विध्वंस का चित्र,
क्योंकि युद्ध कभी समाधान नहीं,
सिर्फ दुख और बर्बादी का कारण,
पांडवों की विजय,
पर क्या मिला उन्हें?
एक राजमहल,
पर खोया बहुत कुछ,
संपूर्ण जीवन की संतुलन।

महाभारत,
केवल युद्ध की कहानी नहीं,
यह है मानवता का आत्मनिवेदन,
संघर्ष और त्याग की गाथा,
जहां प्रेम और नफरत,
दोनों का समावेश।

इस महाकाव्य से हमें मिलता है,
जीवन का मार्गदर्शन,
धर्म के प्रति हमारी जिम्मेदारी,
एकता की शक्ति,
और मानवीय मूल्यों की प्रगति।

आओ, हम इस महाभारत से सीखें,
धर्म और न्याय के मार्ग पर चलें,
सत्य का अनुसरण करें,
और प्रेम को अपने जीवन में स्थान दें,
क्योंकि यही है सच्ची विजय,
महाभारत की महाकथा में।

दर्शन शास्त्र

हिन्दू दर्शन के अंतर्गत छह प्रमुख दर्शनों (षड्दर्शन) का वर्णन किया गया है, जो भारतीय आध्यात्मिक और दार्शनिक चिंतन के महत्वपूर्ण स्तंभ हैं। ये दर्शनों के विभिन्न विचार और सिद्धांत जीवन, अस्तित्व, ब्रह्मांड और मोक्ष पर आधारित हैं। यहाँ इन छह दर्शनों का संक्षिप्त परिचय दिया जा रहा है:

1. सांख्य दर्शन:

प्रवर्तक: महर्षि कपिल

मुख्य सिद्धांत: सांख्य दर्शन द्वैतवादी है और इसमें प्रकृति (प्रकृति - जड़ तत्व) और पुरुष (पुरुष - चेतन तत्व) के भेद को माना गया है। यह दर्शन मानता है कि सृष्टि का सृजन प्रकृति और पुरुष के संयोग से होता है, लेकिन मोक्ष की प्राप्ति तब होती है जब पुरुष स्वयं को प्रकृति से अलग समझकर साक्षी भाव में स्थित हो जाता है। सांख्य दर्शन ईश्वर को स्वीकार नहीं करता और इसका प्रमुख उद्देश्य पुरुष का प्रकृति से अलगाव और मोक्ष की प्राप्ति है।

2. योग दर्शन:

प्रवर्तक: महर्षि पतंजलि

मुख्य सिद्धांत: योग दर्शन सांख्य दर्शन पर आधारित है, लेकिन यह ईश्वर को स्वीकार करता है और आत्मा की शुद्धि और मोक्ष के लिए योगाभ्यास पर बल देता है। पतंजलि का योग दर्शन आठ अंगों (अष्टांग योग) पर आधारित है:

यम (नैतिक अनुशासन)
नियम (आत्मानुशासन)
आसन (शारीरिक मुद्राएँ)
प्राणायाम (श्वास नियंत्रण)
प्रत्याहार (इंद्रियों का निग्रह)
धारणा (एकाग्रता)
ध्यान (ध्यान)
समाधि (आत्मा का परमात्मा से मिलन)

योग दर्शन का उद्देश्य आत्मा की शुद्धि और समाधि के माध्यम से मोक्ष प्राप्त करना है।

3. न्याय दर्शन:

प्रवर्तक: महर्षि गौतम

मुख्य सिद्धांत: न्याय दर्शन तर्क और प्रमाण के माध्यम से सत्य की खोज पर आधारित है। यह दर्शन छह प्रकार के प्रमाणों को मानता है: प्रत्यक्ष (इंद्रियों द्वारा), अनुमान, उपमान (समानता से), शब्द (शास्त्रों से), अर्थापत्ति (अनिवार्य निष्कर्ष), और अनुपलब्धि (अनुपस्थिति से निष्कर्ष)। न्याय दर्शन में ईश्वर की सत्ता को माना गया है और इसका उद्देश्य तर्क द्वारा सत्य को समझकर आत्मा की मुक्ति प्राप्त करना है।

4. वैशेषिक दर्शन:

प्रवर्तक: महर्षि कणाद

मुख्य सिद्धांत: वैशेषिक दर्शन पदार्थ के सात गुणों (द्रव्य, गुण, कर्म, सामान्य, विशेष, समवाय, अभाव) पर आधारित है। यह दर्शन मानता है कि सृष्टि परमाणुओं से बनी है और परमाणु ही

सृष्टि के अंतिम घटक हैं। परमाणुओं के संयोग से सृष्टि का निर्माण होता है और ईश्वर इसे संचालित करता है। वैशेषिक दर्शन का उद्देश्य वस्तुओं के गुणों को जानकर मोक्ष प्राप्त करना है।

5. मिमांसा दर्शन:

प्रवर्तक: महर्षि जैमिनी

मुख्य सिद्धांत: मिमांसा दर्शन वेदों के कर्मकांड और यज्ञों की महत्ता पर आधारित है। यह दर्शन वेदों को प्रमाण मानता है और यज्ञों तथा धार्मिक अनुष्ठानों के माध्यम से मोक्ष प्राप्ति पर बल देता है। मिमांसा को दो भागों में विभाजित किया गया है:

पूर्व मीमांसा (कर्मकांड मीमांसा): यह यज्ञों और कर्मकांडों पर केंद्रित है।

उत्तर मीमांसा (वेदांत): यह आत्मा, ब्रह्म, और मोक्ष के सिद्धांतों पर आधारित है।

6. वेदांत दर्शन:

प्रवर्तक: महर्षि बादरायण (वेदव्यास)

मुख्य सिद्धांत: वेदांत दर्शन ब्रह्म, आत्मा, और सृष्टि के सिद्धांतों पर आधारित है। इसे उपनिषदों पर आधारित दर्शन माना जाता है, और इसका प्रमुख ग्रंथ ब्रह्मसूत्र है। वेदांत दर्शन के कई उपसंप्रदाय हैं, जैसे:

अद्वैत वेदांत (शंकराचार्य): यह मानता है कि ब्रह्म और आत्मा एक ही हैं और सृष्टि माया है।

विशिष्टाद्वैत (रामानुजाचार्य): इसमें ब्रह्म और आत्मा को एक साथ माना जाता है, लेकिन सृष्टि को वास्तविक माना गया है।

द्वैत वेदांत (मध्वाचार्य): यह मानता है कि ब्रह्म और आत्मा दो अलग-अलग तत्व हैं।

ये छह दर्शनों का मुख्य उद्देश्य आत्मा की मुक्ति और मोक्ष प्राप्त करना है, लेकिन उनके सिद्धांत और दृष्टिकोण भिन्न-भिन्न हैं। इन दर्शनों ने भारतीय संस्कृति, धर्म, और समाज में गहरा प्रभाव डाला है।

सांख्य दर्शन का सत्य

कपिलमुनि,
ज्ञान के समुद्र में डूबा,
जिसने प्रतिपादित किया,
सांख्य दर्शन का अद्भुत ग्रंथ।
ब्रह्माण्ड की गहराई में,
आत्मा और प्रकृति का संबंध,
एक गूढ़ रहस्य का उद्घाटन।

सत्य की खोज में निकले,
जड़ और चेतना की द्वंद्वता,
जहां तत्वों की बारहवीं छाया,
सृष्टि के उद्भव की कहानी कहती है।
पंचमहाभूतों का खेल,
आकर्षण और विकर्षण का रस,
गुणों की त्रिवेणी–
सत्त्व, रजस, तमस का संगम।

कपिल ने दिखाया,
कर्म और फल का चक्र,
कैसे मनुष्य अपने कार्यों से बंधता है,
कैसे वो स्वतंत्रता की ओर बढ़ता है।
ज्ञान और अज्ञान का द्वंद्व,
सत्य और असत्य की पहचान,
सांख्य का अर्थ,
जीवन के शाश्वत नियमों का उद्घाटन।
विचारों का महासागर,
जिसमें उतरकर,
आत्मा अपने स्वरूप को पहचानती है।
कपिल का दर्शन,

जीवन का एक नए दृष्टिकोण से अवलोकन,
जैसे एक सूरज,
जो अंधकार को चीरता है।

ध्यान और साधना का मार्ग,
जहां चिंतन की गहराई में,
स्वयं की खोज होती है,
और जीव की वास्तविकता उभरती है।
जितना अनंत है अस्तित्व,
उतनी ही गहरी है इस दर्शन की व्याख्या,
सांख्य में निहित है,
संसार की हर उलझन का समाधान।

यहां, हर व्यक्ति है अपने अस्तित्व का स्वामी,
प्रकृति के अनुरूप चलने वाला,
कपिलमुनि का संदेश,
आत्मा की उन्नति की ओर अग्रसर।
जिन्हें समझने की चाह,
उनके लिए यह एक दीपक है,
जो अज्ञान के अंधेरे को दूर करता है।

कपिल द्वारा प्रतिपादित,
सांख्य दर्शन की यह धारा,
गहनता में डूबी,
सत्य की ओर ले जाने वाली।
यह ज्ञान का पथ है,
जहां आत्मा को मिलता है,
अपनी असली पहचान का अनुभव।
एक अटल सत्य,
जो समय के साथ चलता है,
सांख्य दर्शन,
सृष्टि के रहस्यों को उद्घाटित करता है।

योग दर्शन की साधना

महर्षि पतंजलि,
ज्ञान के सागर में एक अद्वितीय नाम,
जिसने प्रतिपादित किया,
योग का अद्भुत दर्शन।
शांति की खोज में,
जब मन में उठते हैं ज्वालामुखी,
योग ही है, जो सिखाता है,
कैसे समाहित करें स्वयं को,
अंतर की गहराई में,
जैसे नदियाँ मिलती हैं सागर में।

विचारों का तूफान,
जो मन को विचलित करता है,
पतंजलि ने बताया,
कैसे योग की साधना से,
शांति की लहरें उठती हैं।
अभ्यास और वैराग्य का संतुलन,
जीवन की हर कठिनाई में,
एक मार्गदर्शक की तरह,
संसार की भीड़ में,
खुद को पहचानने का एक साधन।

आसन की स्थिरता,
प्राणायाम की गहराई,
ध्यान की गहनता,
और समाधि का अनुभव।
हर एक क्रिया में,
आत्मा की खोज,

स्वयं के भीतर छिपे
दिव्य स्वरूप का अवलोकन।

कर्मों का परिणाम,
जिन्हें भुलाया नहीं जा सकता,
पतंजलि का मंत्र,
कर्मयोग का सच्चा पालन।
सकारात्मकता का संचार,
संवेदनाओं की ऊँचाई,
जिसमें छिपा है,
जीवन का असली सार।

योग की आठ अंग,
यम, नियम, आसन, प्राणायाम,
प्रत्याहार, धारणा, ध्यान,
और अंततः समाधि।
हर एक चरण में,
संसार की चुनौतियों का समाधान,
जहां मन और आत्मा का मिलन होता है,
एक दिव्य अनुभव की ओर ले जाता है।

पतंजलि की साधना,
स्वयं के भीतर यात्रा,
जब आत्मा और ब्रह्म का मिलन होता है,
तब जीवन में आती है,
असीम शांति और आनंद।
योग,
केवल आसन नहीं,
बल्कि एक सम्पूर्ण जीवनदृष्टि है,
जो आत्मा की गहराई को छूती है,
हर एक विचार में,

हर एक क्रिया में,
जो शुद्धता और प्रेम का संचार करती है।

महर्षि पतंजलि,
जिन्होंने दिखाया,
योग का मार्ग,
जिस पर चलकर,
हर व्यक्ति स्वयं को खोज सकता है,
एक नये दृष्टिकोण से,
अपने अस्तित्व को,
और जीवन की वास्तविकता को समझ सकता है।
योग दर्शन,
एक प्रेरणा,
जो जीवन को पूर्णता की ओर ले जाता है,
एक सच्चे जीवन का साधन।

न्याय दर्शन का न्याय

महर्षि गौतम,
विचारों के शिल्पकार,
जिन्होंने प्रतिपादित किया,
न्याय का गहन दर्शन।
सत्य और तर्क का संगम,
जहां बुद्धि की परतों में,
निर्णय की छवि उभरती है।

विवेक और अनुभव की संजीवनी,
न्याय के मूल तत्व,
जो मनुष्य को दिशा देते हैं,
सत्य की खोज में,
जब संदेह और भ्रांति घेरती हैं,
गौतम ने दिखाया,
कैसे तर्क की रौशनी में,
सच्चाई की परछाई को पहचानें।

न्याय का सिद्धांत,
सिद्धांतों और प्रमाणों का समुच्चय,
जहां प्रमाण के चार चरण,
उदाहरण, प्रतिज्ञा, प्रमाण और निष्कर्ष।
बुद्धि की कड़ी में बंधे,
हर तर्क में छिपा एक अर्थ,
जो सोचने की क्षमता को जगाता है।

गौतम ने बताया,
न्याय का महत्व,
सिर्फ व्यक्तिगत नहीं,

समाज के लिए एक आधार,
जहां सत्य और धर्म की प्राणवायु बहती है,
सर्वहित में किए गए निर्णयों का प्रकाश।

संशय और भ्रम में,
जब मनुष्य ठोकर खाता है,
न्याय का प्रकाश,
उसका मार्गदर्शक बनता है।
गौतम के न्यायशास्त्र में,
प्रमाणों की शक्ति,
और तर्क की पराकाष्ठा,
एक शुद्ध विचार की रचना करती है।

कर्म और फल का संबंध,
न्याय का गूढ़ रहस्य,
कैसे हर क्रिया का परिणाम,
जीवन के ताने-बाने को बुनता है।
सत्य का आलोक,
हर मनुष्य को जगाता है,
एक नया दृष्टिकोण प्रदान करता है,
जहां न्याय के आधार पर,
सभी को मिलती है समानता।

महर्षि गौतम का न्याय दर्शन,
जीवन के हर क्षेत्र में,
एक दर्पण की तरह,
जो आत्मा की गहराई को दिखाता है।
यह सिर्फ एक सिद्धांत नहीं,
बल्कि एक मार्गदर्शक प्रकाश है,
जो मानवता को न्याय की ओर ले जाता है,
सत्य की ओर,

जहां विवेक की आवाज़ गूंजती है,
और जीवन की गहराई में छिपे
अर्थों को उद्घाटित करती है।

गौतम का न्याय दर्शन,
विचारों का पथ प्रदर्शक,
जो हर मनुष्य को प्रेरित करता है,
अपने निर्णयों में सच्चाई के प्रति सचेत रहने के लिए।
यह एक यात्रा है,
जो जीवन के हर मोड़ पर,
सत्य की राह पर चलने की प्रेरणा देती है।

वैशेषिक दर्शन का विज्ञान

महर्षि कणाद,
जो विचारों के अंतरिक्ष में,
सत्य की खोज में निकले,
प्रतिपादित किया वैशेषिक दर्शन।
जिसमें है ब्रह्माण्ड की जटिलता,
और पदार्थ की सूक्ष्मता,
एक अद्भुत दृष्टिकोण,
जो सृष्टि के हर तत्त्व को समझता है।

पदार्थ और गुणों की गहराई,
कण और द्रव्यमान का अद्भुत खेल,
जहां तत्वों का मिलन,
सृष्टि के हर रूप का आधार है।
कणों की जोड़ी,
गुणों का स्पंदन,
सृष्टि का निर्माण,
जिसका हर कण एक कथा कहता है।

अनंत संभावनाओं का संसार,
जहां विशेषण और विशेष्य की पहचान,
एक नई दृष्टि देती है,
जैसे सितारों की चमक,
जो रात के अंधेरे में उजाला फैलाती है।
महर्षि ने कहा,
हर तत्व में है अद्वितीयता,
एक विशेषता जो उसे पहचान दिलाती है।

संसार के स्वरूप में,
कणाद ने दिखाया,
कैसे हर पदार्थ,

अपने गुणों से परिभाषित होता है।
अविभाज्य कणों की संख्या,
जो ब्रह्माण्ड की रचना में सहायक,
संसार की हर संरचना में,
गुणों का खेल खेलती है।

वैशेषिक दर्शन,
न केवल तत्वों की विवेचना,
बल्कि उनके अंतर्संबंधों की खोज,
जो जीवन के रहस्यों को उजागर करती है।
आधारभूत तत्त्वों की सिद्धांत,
संसार के हर कण में बसी,
जो आत्मा के गहरे रहस्य को छूती है।

महर्षि कणाद का संदेश,
सपष्टता और विश्लेषण का,
हर विचार, हर तत्व को समझने का,
जहां ज्ञान की सीढ़ी पर चढ़कर,
मनुष्य अपने अस्तित्व को पहचानता है।
यह दर्शन है विज्ञान और अध्यात्म का संगम,
जो जीवन को एक नई दिशा प्रदान करता है।

कणाद का वैशेषिक ज्ञान,
सदियों से गूंजता है,
एक संकल्पना जो समय के साथ बढ़ती है,
हर नई खोज में,
हर अनुसंधान में,
जहां मानवता की जिज्ञासा को शांति मिलती है।
यह एक यात्रा है,
पदार्थ की गहराई से आत्मा की ऊँचाई तक,
जहां हर कण में,
असीमित संभावनाओं का आलोक बसा है।

मीमांसा दर्शन का अर्थ

महर्षि जैमिनी,
जो शास्त्रों के समुद्र में डुबकी लगाते,
नियमों और अनुष्ठानों के जाल को बुनते,
प्रतिपादित किया मीमांसा का गूढ़ दर्शन।
यह दर्शन नहीं केवल तर्क का,
बल्कि धर्म और कर्तव्य का एक अनुपम नक्षत्र,
जो जीवन के हर कदम को दिशा दिखाता है।

कर्म और फल का सच्चा संबंध,
जैसे जीवन की धारा में बहता जल,
कर्मों का स्वरूप,
कैसे कर्म से ही जीवन की गहराई खुलती है।
अनुष्ठानों की प्रक्रिया,
जो सृष्टि के चक्र को चलाती है,
सत्य और धर्म का आधार,
जैसे धरा का गर्भ,
जिसमें हर जीवन की शुरुआत होती है।

जैमिनी ने दिखाया,
कर्मकांड का महत्व,
अनुष्ठानों की शक्ति,
जो व्यक्ति को जोड़ती है सृष्टि से।
एक सही कर्म,
सभी भयों और संदेहों का नाश करता है,
सत्य की पहचान में,
कर्म ही है,
जो आत्मा को उच्चता की ओर ले जाता है।

मीमांसा का यह ज्ञान,
संवेदनाओं का समर्पण,
कर्म का अनुशासन,
जो धर्म का पालन कराता है।
वेदों की गूढ़ता,
उनकी व्याख्या में निहित है,
एक क्रमबद्ध दृष्टिकोण,
जो जीवन के हर पहलू को उजागर करता है।

स्वयं की पहचान,
कर्म की सच्चाई से,
जैमिनी के विचार,
कर्म और ज्ञान का अनूठा संगम।
यह मीमांसा नहीं केवल विचारों का संयोग,
बल्कि जीवन के लिए एक मार्गदर्शक सिद्धांत है,
जो आत्मा को परिष्कृत करता है,
सच्चाई और धर्म के पथ पर।

प्रत्येक कर्म में है शक्ति,
जो मनुष्य को जीवन की गहराई में ले जाती है।
हर अनुष्ठान में है प्राण,
जो अज्ञानता के अंधकार को मिटाता है।
जैमिनी का यह संदेश,
कर्म की पवित्रता का आलोक है,
एक ऐसा प्रकाश,
जो जीवन के हर क्षण में,
उपस्थित है,
एक सच्चे जीवन की ओर अग्रसर करता है।

महर्षि जैमिनी,
तुमने बताया कि कैसे,

कर्म ही है,
जो मनुष्य के जीवन को अर्थ देता है।
यह मीमांसा का ज्ञान,
एक सच्चे जीवन की खोज,
जो आत्मा को जागृत करता है,
संसार के हर कण में,
सत्य और धर्म की सृष्टि करता है।

वेदांत दर्शन की गूढ़ता

महर्षि वेदव्यास की वाणी में छिपा है
ज्ञान का सागर,
वेदांत दर्शन का अद्भुत तत्त्व,
जिसमें मिलती हैं
आत्मा और ब्रह्म का एकाकारता।

जग में जो कुछ भी है, सब एक जाल की कड़ी,
ब्रह्म की विराटता में, हर प्राणी है समाहित।
हर चीज़ एक है, कोई अलग नहीं,
संसार की विविधता में,
एकता का संदेश छिपा है।

आत्मा की खोज में, हम निकले हैं अज्ञानी,
संसार की परिधि में, भटकते हैं अनगिनत।
परन्तु, जब तक न समझ पाएं,
आत्मा का संबंध ब्रह्म से,
तब तक यह यात्रा अधूरी रहेगी।

वे कहते हैं, "तत्त्वमसि",
तू ही वह है, जो सृष्टि का कारण।
अंतरतम की गहराइयों में,
प्रकाशित होता है सत्य,
जब हम अन्यों को भूलकर,
स्वयं को पहचानते हैं।

वेदांत की ओर बढ़ते कदम,
साक्षात्कार की ओर बढ़ते हैं,
जब आत्मा और ब्रह्म का संबंध समझते हैं,
संसार की माया में,

नष्ट होती हैं भ्रांतियाँ।
अहंकार की परतें चीरकर,
सच्चाई की ओर बढ़ते हैं,
निराकार से साकार की ओर,
जहाँ हर चीज़ है एक,
जहाँ प्रेम का अनुभव होता है,
जहाँ जीवन का अर्थ समझ में आता है।

महर्षि वेदव्यास का यह ज्ञान,
हमें दिखाता है मार्ग,
जहाँ भक्ति, ज्ञान और कर्म का संगम,
एक ही धारा में बहता है।

सच्चाई की इस यात्रा में,
संग हैं वेदों का ज्ञान,
जिसे अपनाकर,
हम पाते हैं शांति,
हम पाते हैं सुख,
हम पाते हैं मुक्ति।

वेदांत दर्शन की यह लीला,
हमें सिखाती है जीवन का अर्थ,
जहाँ हर जीव एक है,
जहाँ हर आत्मा बसी है ब्रह्म में।

इस गूढ़ ज्ञान को समझना,
हमारी जीवन यात्रा का ध्येय,
महर्षि की वाणी में छिपा है,
सत्य का अनुसंधान,
जिसे हर युग, हर समय,
हर आत्मा को समझना है।

स्मृतियाँ

स्मृतियाँ हिन्दू धर्म में उन ग्रंथों को संदर्भित करती हैं जो वेदों के बाद आए और जिनमें सामाजिक, धार्मिक, और नैतिक नियमों का वर्णन है। इनमें से कुछ प्रमुख स्मृतियाँ इस प्रकार हैं:

1. मनुस्मृति:

लेखक: महर्षि मनु

मनुस्मृति, जिसे मनविधान या मनु धर्मशास्त्र भी कहा जाता है, हिन्दू धर्म के सबसे प्राचीन और महत्वपूर्ण ग्रंथों में से एक है। यह ग्रंथ मानव समाज के लिए नियमों और आचार-व्यवहार का सेट प्रदान करता है। इसमें जीवन के विभिन्न पहलुओं, जैसे परिवार, विवाह, शिक्षा, धर्म, और न्याय का विस्तृत वर्णन है। मनुस्मृति में वर्ण व्यवस्था, वर्णों के कर्तव्यों, और विभिन्न आचारों पर विशेष ध्यान दिया गया है। यह ग्रंथ भारतीय कानून और सामाजिक संरचना पर गहरा प्रभाव डालता है।

2. यागवल्क्य स्मृति:

लेखक: महर्षि यागवल्क्य

यागवल्क्य स्मृति एक महत्वपूर्ण धर्मशास्त्र है, जिसमें यज्ञों, पूजा, और धार्मिक अनुष्ठानों के सिद्धांतों का वर्णन है। इसे यागवल्क्य द्वारा रचित माना जाता है, जो एक प्रसिद्ध ऋषि थे। यह स्मृति विशेष रूप से ब्रह्मचर्य, गृहस्थाश्रम, और संन्यास के सिद्धांतों पर प्रकाश डालती है। इसमें पति-पत्नी के कर्तव्यों, सम्पत्ति के अधिकार, और विभिन्न धार्मिक कार्यों के नियम भी शामिल हैं।

याजवल्क्य स्मृति ने हिन्दू धर्म में व्यावहारिक जीवन के संचालन के लिए मार्गदर्शन प्रदान किया है।

3. नारद स्मृति:

लेखक: देवर्षि नारद मुनि

नारद स्मृति नारद मुनि द्वारा रचित एक महत्वपूर्ण ग्रंथ है, जिसमें धार्मिक, नैतिक, और सामाजिक नियमों का वर्णन है। इसमें विशेष रूप से भक्ति और संप्रदायों का उल्लेख किया गया है। नारद स्मृति में धार्मिक अनुष्ठानों, पूजा विधियों, और आचार-व्यवहार के नियमों का वर्णन है। यह स्मृति संतों और भक्तों के लिए मार्गदर्शन प्रदान करती है और हिन्दू धर्म में भक्ति के महत्व को दर्शाती है।

4. पराशर स्मृति:

लेखक: महर्षि पराशर

पराशर स्मृति ऋषि पराशर द्वारा रचित एक महत्वपूर्ण ग्रंथ है, जिसमें विभिन्न धार्मिक और सामाजिक नियमों का वर्णन है। यह स्मृति विशेष रूप से ज्योतिष, यज्ञ, और वेदों की व्याख्या से संबंधित विषयों पर केंद्रित है। इसमें ब्रह्मा, विष्णु, और शिव के विभिन्न रूपों का उल्लेख किया गया है, और इनके प्रति भक्ति और श्रद्धा का महत्व बताया गया है। पराशर स्मृति ने हिन्दू धर्म में विज्ञान और धार्मिकता के संबंध को समझने में मदद की है।

ये स्मृतियाँ हिन्दू धर्म और संस्कृति के विभिन्न पहलुओं को समझने और जीवन के विभिन्न क्षेत्रों में आचार-व्यवहार को निर्धारित करने में सहायक हैं। इन ग्रंथों का अध्ययन हिन्दू संस्कृति के मूल तत्वों को समझने में महत्वपूर्ण है।

मनु-स्मृति का विधान

प्राचीन ज्ञान का अमूल्य ग्रंथ,
जीवन की राह में जो देता सहारा।
मनु की वाणी में है नीति और धर्म,
सत्य, न्याय का अनोखा है चेहरा।

युगों से जो सुनाते हैं आदर्शों की कथा,
संपूर्णता की ओर ले जाता यह ग्रंथ।
कर्मों की महत्ता, और समाज का अनुशासन,
सभी के लिए है इसमें छिपा गूढ़ सन्देश।

अधिकार और कर्तव्य का अनुपम समन्वय,
हर व्यक्ति को है देता सम्मान।
गृहस्थी की धारा में जो लाता सच्चाई,
मनुस्मृति की रचना, जीवन का आसमान।

विवाह की पवित्रता, माता-पिता का मान,
शिक्षा का महत्व, और गुरु का ज्ञान।
हर रिश्ते की नींव, हर बंधन की आधार,
इस ग्रंथ में है छिपा समाज का श्रृंगार।

साधना का पथ, और तप की महिमा,
सदाचार से भरे, जीवन के हैं ये रंग।
संस्कृति की धरोहर, मानवता का संदेश,
मनुस्मृति का प्रकाश, सबको करे समर्पण।

न्याय, दया, प्रेम की गूंजती बांसुरी,
जीवन का संगीत, हो हर दिल की मजबूरी।
हर युग में गूंजे, हर समाज में चले,

मनुस्मृति की महिमा, सदा सबको मिले।

इस ग्रंथ का मार्गदर्शन, न भुलाए कोई,
सत्य और धर्म के रास्ते पर सब चलें।
आओ, संग मिलकर, मनुस्मृति का मान रखें,
जीवन की संध्या में इसे दीपक बनाएं।

याज्ञवल्क्य-स्मृति का मार्ग

ज्ञान का दीप, याग्वल्क्य का छाया,
संस्कारों की महिमा, जीवन को सिखाया।
धर्म, नीति और व्यवहार का अद्भुत ज्ञान,
समाज का मार्गदर्शक, एक अनमोल प्रस्थान।

वेदों का सार, उपनिषदों की गूंज,
सच्चाई की खोज में जो बढ़ाए प्रगति का लूज।
कर्म का महत्व, और कर्तव्यों का बोध,
याग्वल्क्य की वाणी में छिपा सच्चा शोध।

न्याय का तराजू, आदर्श का पथ,
संबंधों की गरिमा, और सदाचार का महल।
धर्म का पालन, और कर्म का आधार,
हर मनुष्य के लिए, है यह अमृत का निवार।

संग परिवार की माया, और समाज की युति,
याग्वल्क्य का सिद्धांत, जीवन में लाए प्रगति।
शिक्षा की महत्ता, और गुरु का मान,
जीवन के हर मोड़ पर, दिखाए सही पहचान।

अहिंसा का संदेश, प्रेम का व्यवहार,
इस स्मृति में छिपा है, मानवता का प्यार।
धैर्य और संयम की अनमोल धारा,
याग्वल्क्य की दृष्टि में है सबका निखारा।

विवेक की ज्योति, समझ का प्रवाह,
जीवन की कठिनाइयों में, करे उजाला बहार।
युगों से गूंजता, यह ज्ञान का संगीत,

याज्ञवल्क्य स्मृति, जीवन की अनमोल रीत।
आओ, इस मार्ग पर हम सभी चलें,
सत्य, धर्म, और प्रेम की लहर में ढलें।
याज्ञवल्क्य की सीख, बनाएं अपना प्रण,
सद्भाव की खेती करें, सच्चे मन से हर क्षण।

नारद-स्मृति का संदेश

नारद!
तुम हो देवों के ऋषि,
सृष्टि के संवाद के सेतु,
तुम्हारी वीणा से झरते हैं
धर्म, ज्ञान और नीति के सूत्र,
तुम्हारे शब्दों में है जीवन का सार,
तुम्हारी स्मृति में बसते हैं
न्याय और कर्तव्य के आदर्श विचार।

नारद स्मृति कहती है
संस्कारों की वह अमर गाथा,
जहां हर नियम का आधार है धर्म,
जहां न्याय का तराजू सधा हुआ है,
और समाज के हर अंग में
न्याय और नीति की गूंज है सजीव।

तुम्हारे मार्गदर्शन में बंधी है
जीवन की अनुशासन पद्धति,
जहां हर व्यक्ति को ज्ञात है
अपने कर्तव्यों का परम सत्य,
तुम्हारी स्मृति में बसते हैं
राजधर्म, व्यावहारिक ज्ञान,
और समाज की संरचना के अमिट सिद्धांत।

तुम हो सत्य के प्रहरी,
तुम्हारी कथा में बसता है
मनुष्य का जीवनमूल्य,
तुम्हारी वाणी से प्रकट होते हैं

न्याय और धर्म के मार्ग,
तुमसे ही सजती है
विवेक की वह अखंड ज्योति।

नारद,
तुम्हारी स्मृति हमें सिखाती है
संतुलन का धर्म,
जहां न कोई ऊंच-नीच,
न कोई भेद-भाव,
तुम्हारे सिद्धांतों से ही है
समाज का कल्याण,
जहां हर व्यक्ति को मिलता है
न्याय और समान अधिकार।

तुम्हारे नियमों में बसती है
राजाओं की प्रजा के प्रति जिम्मेदारी,
तुम्हारी नीतियों से चमकती है
समाज की नींव,
तुम्हारी दृष्टि में सब हैं समान,
धर्म और न्याय का एक सजीव प्रमाण।

नारद स्मृति की पंक्तियां
बनती हैं जीवन की दिशा,
तुम्हारी स्मृति हमें सिखाती है
कर्तव्य की महत्ता,
तुमसे ही है यह संसार व्यवस्थित,
तुम्हारे ज्ञान से ही सजता है
धर्म का आधार,
और न्याय का सजीव स्वरूप।

हे नारद!

तुम हो संवाद के सेतु,
तुम्हारी स्मृति में बसता है
मनुष्य का धर्म,
तुम्हारी वाणी से ही होता है
अज्ञान का अंत,
नारद स्मृति की हर पंक्ति,
हर श्लोक,
तुम्हारे ज्ञान की धरोहर,
जो सदा हमें दिखाती है
सत्य और धर्म का मार्ग।

पाराशर-स्मृति का प्रवचन

धर्म का मार्ग,
नियमों की वह पवित्र धारा,
पाराशर ने जिसमें गढ़े थे,
संस्कारों के सजीव स्तंभ।

जीवन का हर क्षण,
धर्म और न्याय की तराजू पर तौला,
परिवार की मर्यादा,
और समाज का सजीव दर्पण बनाया।

स्त्रियों को सम्मान का दिया अधिकार,
बनाया उन्हें धर्म का सशक्त आधार,
उनके कर्तव्यों में समाहित थी,
समानता की चुप, पर गूंजती पुकार।

कानून, रिश्ते, नैतिकता के सूत्र,
सजीव थे हर नियम में बंधे,
परिवर्तन के स्वर नहीं,
पर स्थायित्व की सुंदरता में बिंधे।

ऋषि पाराशर का वह ज्ञान,
हर पीढ़ी के लिए था वरदान,
जोड़ता था मानवता को,
संस्कारों की शाश्वत पहचान।

कभी कठोर, कभी मृदु,
धर्म के संकल्प का गूढ़ रहस्य,
जीवन को सहेजने का था मंत्र,

पाराशर की स्मृति का यह तंत्र।

अमर हैं वे नियम,
जो जीवन को सरल, और सुंदर बनाते हैं,
पाराशर स्मृति के वह सूत्र,
जो हर युग में धर्म की मशाल जलाते हैं।

आगम

आगम शास्त्र: हिन्दू धर्म के उन ग्रंथों को कहते हैं, जो विशेष रूप से तांत्रिक, शैव, वैष्णव, और शक्तिक पूजा-पद्धतियों के सिद्धांतों और प्रथाओं का वर्णन करते हैं। ये शास्त्र उपासनाओं, अनुष्ठानों, और मंदिर निर्माण के लिए महत्वपूर्ण निर्देश प्रदान करते हैं। यहाँ पर प्रमुख अगम शास्त्रों का संक्षिप्त परिचय दिया गया है:

1. शैव आगम:

मुख्य सिद्धांत: शैव आगम उन तांत्रिक ग्रंथों का समूह है, जो भगवान शिव की उपासना और सिद्धांतों पर आधारित हैं। इसमें शिव के विभिन्न रूपों, जैसे कि शिव, शakti, और अर्धनारीश्वर का वर्णन किया गया है। शैव आगम में ध्यान, योग, और तंत्र साधना के माध्यम से आत्मा की मुक्ति और शिव के साथ एकता प्राप्त करने के लिए मार्गदर्शन दिया गया है। इसके प्रमुख ग्रंथों में तिरुमंडिरम, कपाल मोचन तंत्र, और शिव संहिता शामिल हैं।

2. वैष्णव आगम:

मुख्य सिद्धांत: वैष्णव आगम उन ग्रंथों का समूह है, जो भगवान विष्णु और उनके अवतारों, जैसे कि राम और कृष्ण की उपासना पर केंद्रित हैं। इसमें भक्ति, पूजा विधि, और भक्ति मार्ग के सिद्धांतों का विस्तृत वर्णन है। वैष्णव आगम का प्रमुख उद्देश्य भक्तों को भगवान विष्णु की कृपा प्राप्त करना और उनके साथ एकाकार होना है। इसके प्रमुख ग्रंथों में वैष्णव अगम, पुराणों, और गुरु ग्रंथ साहिब शामिल हैं।

3. शक्त आगम:

मुख्य सिद्धांत: शक्त आगम तांत्रिक ग्रंथों का एक वर्ग है, जो देवी शक्तियों की उपासना और सिद्धांतों पर केंद्रित है। इसमें देवी दुर्गा, काली, और अन्य शक्तियों की उपासना के लिए विशेष अनुष्ठान और विधियाँ दी गई हैं। शक्त आगम में तंत्र साधना, मंत्र जप, और ध्यान की तकनीकों का वर्णन है, जो भक्तों को शक्ति और सामर्थ्य प्रदान करने के लिए है। इसके प्रमुख ग्रंथों में कालिका पुराण, शक्तिसिद्धांत और तंत्रालोचन शामिल हैं।

ये अगम शास्त्र हिन्दू धर्म में विशेष ध्यान और पूजा की विधियों का मार्गदर्शन करते हैं, जिससे भक्तों को अपने इष्ट देवता के साथ गहरी संबंध स्थापित करने में सहायता मिलती है।

शैव आगम की साधना

शैव आगम,
सदियों से बहती वह धारा
जो शिव के ज्ञान से प्रस्फुटित,
प्रकृति और पुरुष का मिलन,
अविचल, अचल,
जहाँ शिव का तांडव
सृष्टि की गति है,
और उनका ध्यान
उस गति का मौन।

यह आगम नहीं केवल शास्त्र,
यह है शिव का स्पंदन,
जो गूंजता है अंतरिक्ष के कण-कण में,
जिसमें है ब्रह्मांड की उत्पत्ति का रहस्य,
और उसके विनाश का मर्म।
शिव, जो हैं आरंभ और अंत,
इस आगम में उनके स्वरूप की
विस्तार से व्याख्या,
जहाँ शक्ति और शिव
अलग नहीं,
बल्कि एक ही सत्य के दो रूप।

शैव आगम में है वह रहस्य,
जो छिपा है शिव के
त्रिनेत्र की अग्नि में,
जहाँ धधकती है सृष्टि की ज्वाला,
और जलती है
मोह-माया की धुंध।

यह आगम सिखाता है
वैराग्य का वह मार्ग,
जहाँ इच्छाओं का अंत
शिव की शरण में होता है,
और मन की बेचैनी
शिव के ध्यान में शांत हो जाती है।

शैव आगम,
जिसमें छिपा है ध्यान का वह गूढ़ रहस्य,
जहाँ आत्मा का मिलन
उस परमात्मा से होता है,
जहाँ शिव केवल देवता नहीं,
वह हैं आदिगुरु,
जिन्होंने दिखाया वह मार्ग
जो ले जाता है मुक्ति की ओर।
इस आगम में छिपी है वह साधना
जो साधक को मुक्त करती है
मोह और ममता के बंधनों से,
जहाँ शिव की उपासना
बनती है आत्मा की स्वतंत्रता का मार्ग।

शैव आगम में
नहीं है केवल पूजा का विधान,
यह है साधना का वह मार्ग
जहाँ आत्मा और शिव
एक हो जाते हैं,
जहाँ द्वैत मिट जाता है,
और रह जाता है केवल अद्वैत।
यह आगम सिखाता है
योग का वह मार्ग,
जहाँ शरीर और मन का संतुलन

शिव के समर्पण में होता है।
आगम का हर सूत्र
शिव की अनंत महिमा का गान है,
जहाँ सृष्टि का हर कण
शिव का रूप धारण करता है।
शैव आगम कहता है
कि शिव केवल बाहर नहीं,
वह हैं हमारे भीतर,
हर विचार, हर भावना में,
हर श्वास, हर जीवन के स्पंदन में।
शिव का ध्यान
नहीं केवल आँखें मूँदकर बैठना,
यह है जागृति का वह क्षण
जहाँ आत्मा शिव के साथ
संपूर्ण एकता का अनुभव करती है।

शैव आगम में है वह तंत्र का ज्ञान,
जो जोड़ता है साधक को
प्रकृति की शक्तियों से,
जहाँ साधक अपने भीतर के
शिव को जाग्रत करता है,
और अपने अस्तित्व को
उस परम सत्य से मिला देता है।
यह आगम सिखाता है
भोग और त्याग का संतुलन,
जहाँ जीवन का हर अनुभव
शिव की आराधना का माध्यम बनता है,
जहाँ न कर्म बंधन है,
न भोग पाप।
यह है शिव का आशीर्वाद,
जो हमें जीवन के हर क्षण में

मुक्ति का आभास कराता है।
शैव आगम का हर श्लोक
शिव के उस अनंत स्वरूप का दर्शन है,
जो असीम है,
जिसका न कोई आदि है, न अंत।
यह आगम हमें सिखाता है
कि शिव से अलग कुछ भी नहीं,
सारा ब्रह्मांड उन्हीं से उत्पन्न,
उन्हीं में विलीन।
शिव का ध्यान
जीवन के हर क्षण में,
हर रूप में,
हर कार्य में।
यह है वह ज्ञान
जो सिखाता है
कि शिव ही सत्य हैं,
और सत्य ही शिव।

शैव आगम,
नहीं केवल पूजा,
यह है आत्मा की वह यात्रा,
जो ले जाती है शिव की ओर,
जहाँ साधक खो देता है
अपना अहंकार,
और पा लेता है
शिव का अनंत प्रेम,
जो मुक्त करता है उसे
जीवन और मृत्यु के चक्र से।

शैव आगम में
शिव का हर रूप,

हर भाव,
हर श्वास
बन जाता है
जीवन का एक नया अध्याय,
जहाँ साधक पाता है
अपने अस्तित्व का अंतिम सत्य,
शिव में समर्पित,
शिव में लीन,
शिव में मुक्त।

वैष्णव आगम की महिमा

वैष्णव आगम,
वह अनंत आस्था का सागर
जहाँ विष्णु हैं
समस्त सृष्टि के पालनहार,
निराकार और साकार,
जिनके चरणों में
ब्रह्मांड की गति थमती है,
और जिनकी दृष्टि में
जीवन का हर क्षण
एक दिव्य लीला बन जाता है।

यह आगम नहीं केवल शास्त्र,
यह है भक्ति का वह स्रोत
जो प्रवाहित होता है
हृदय से आत्मा तक,
जहाँ विष्णु की महिमा
हर जीव के हृदय में
स्नेह और करुणा का सृजन करती है।
यह स्मृति नहीं केवल
ज्ञान का प्रतिपादन,
यह है भक्ति का वह पथ,
जो हर साधक को
मुक्ति के द्वार तक ले जाता है।

वैष्णव आगम में विष्णु का ध्यान
नहीं है केवल ध्यान की मुद्रा,
यह है समर्पण की पराकाष्ठा,
जहाँ साधक खो देता है
अपना अहंकार,

और पाता है विष्णु का सान्निध्य,
जो उसे देता है
अनंत शांति और प्रेम।
यह आगम सिखाता है
विष्णु के चरणों में
जीवन का प्रत्येक क्षण अर्पित करना,
जहाँ हर कर्म, हर विचार,
एक आराधना बन जाती है।

विष्णु, जो हैं सृष्टि के पालनकर्ता,
जिनकी माया से जग चलता है,
और जिनकी शक्ति से
हर प्राणी को मिलता है
उसका जीवन का पथ।
वैष्णव आगम कहता है
कि विष्णु केवल देवता नहीं,
वह हैं हृदय के भीतर बसने वाले
उस प्रेम और करुणा के स्रोत,
जो हर जीवन को करता है
आलोकित।

यह आगम सिखाता है
विष्णु के अनंत रूपों की महिमा,
जो कभी नरसिंह बनकर
राक्षसों का संहार करते हैं,
तो कभी कृष्ण बनकर
अधर्म के विरुद्ध धर्म की स्थापना।
विष्णु का हर अवतार
सिखाता है
जीवन का संतुलन,
जहाँ प्रेम और न्याय

साथ-साथ चलते हैं,
और हर लीला में
जीवन का नया सत्य प्रकट होता है।

वैष्णव आगम,
जहाँ भक्ति का अर्थ
केवल पूजा नहीं,
बल्कि हृदय से उत्पन्न
उस प्रेम का प्रवाह है
जो विष्णु के चरणों में
समर्पित हो जाता है।
यह भक्ति है
जिसमें कोई शर्त नहीं,
कोई सीमा नहीं,
यह है आत्मा की पुकार,
जो विष्णु के स्नेह में
विलीन हो जाती है।

वैष्णव आगम का हर मंत्र
विष्णु की महिमा का गान है,
जहाँ हर स्वर
जीवन के सत्य को
विष्णु की दृष्टि में देखता है।
यह आगम कहता है
कि जीवन का हर क्षण
विष्णु की लीला का एक भाग है,
और हम सभी
उस लीला के पात्र।
यहाँ कर्म का महत्व
जन्म से अधिक,
और भक्ति का मार्ग

सभी के लिए खुला।

विष्णु के चरणों में
अर्पित हर कर्म
बन जाता है साधना,
और जीवन की हर चुनौती
बन जाती है अवसर
विष्णु की कृपा पाने का।
यह आगम सिखाता है
कि विष्णु के सान्निध्य में
मोह का अंत होता है,
और आत्मा को मिलती है
अविनाशी शांति।

वैष्णव आगम में
विष्णु के प्रेम का विस्तार
सभी जीवों तक फैला है,
जहाँ उनकी करुणा
हर प्राणी को अपनाती है।
यह आगम हमें सिखाता है
प्रेम और सेवा का वह पथ,
जहाँ हर जीवन
विष्णु की आराधना का माध्यम बनता है।
यह सेवा नहीं केवल कर्तव्य,
यह है आत्मा की वह पुकार
जो हर जीव में विष्णु का दर्शन करती है।

वैष्णव आगम में
धर्म का अर्थ
सिर्फ नियम नहीं,
यह है वह जीवंतता
जहाँ हर कर्म,

हर संबंध,
विष्णु की महिमा में बदल जाता है।
यह आगम सिखाता है
वह संतुलन,
जहाँ भोग और त्याग
एक साथ चलते हैं,
और जीवन का हर अनुभव
बन जाता है विष्णु का प्रसाद।

विष्णु के ध्यान में
नहीं है केवल मौन,
यह है वह जागरण
जहाँ आत्मा को मिलती है
अपनी सत्य पहचान।
यह आगम हमें सिखाता है
वह शांति,
जो विष्णु की शरण में पाई जाती है,
जहाँ हर प्राणी,
हर आत्मा,
विष्णु के अनंत प्रेम में
विलीन हो जाती है।

वैष्णव आगम,
न केवल पूजा का विधान,
यह है आत्मा की वह यात्रा,
जो ले जाती है विष्णु की ओर,
जहाँ साधक पाता है
जीवन का अंतिम सत्य,
विष्णु में समर्पित,
विष्णु में लीन,
विष्णु में मुक्त।

शाक्त आगम का तेज

शाक्त आगम,
देवी की वह महिमा
जो अनंत सृजन का स्रोत है,
जिसमें छिपी है शक्ति की वह धारा
जो हर प्राणी को देती है जीवन,
और हर आत्मा को
उसके अस्तित्व का अहसास कराती है।
यह आगम नहीं केवल विधान,
यह है स्त्रीत्व का आलोक,
जिसमें सृष्टि के रहस्यों का
हर बीज बोया गया है,
जहाँ शक्ति और शक्ति का मिलन
जीवन के हर कण में
प्रकट होता है।

देवी, जो आदिशक्ति हैं,
जो मातृ रूप में धारण करती हैं
सृष्टि को,
और योद्धा रूप में करती हैं
अधर्म का संहार।
यह शाक्त आगम
उनके हर रूप का दर्शन है,
जहाँ काली का क्रोध
और पार्वती का स्नेह
एक ही धारा में बहते हैं।
यहाँ है शक्ति का वह रहस्य
जो हर साधक को
देवी की उपासना में मिल जाता है,

जहाँ भक्ति और ज्ञान
साथ-साथ चलते हैं,
और शक्ति के अनंत स्वरूप की आराधना
बन जाती है साधना का मार्ग।

शाक्त आगम कहता है
कि शक्ति बिना
न सृष्टि संभव,
न ही किसी की मुक्ति।
यह आगम सिखाता है
कि देवी केवल बाहर नहीं,
वह हैं हमारे भीतर,
हमारे विचारों में,
हमारे कर्मों में,
हर स्पंदन में,
जहाँ उनका आशीर्वाद
हर कदम को शक्ति देता है।
यह आगम सिखाता है
देवी के चरणों में
जीवन के हर अनुभव को अर्पित करना,
जहाँ हर चुनौती
एक अवसर बन जाती है
शक्ति का आभास पाने का।

देवी की शक्ति
नहीं केवल युद्ध की,
यह है सृजन की,
वह शक्ति जो जीवन को रचती है,
जो हर प्राणी को
उसके कर्मों का फल देती है,
जो सृष्टि के हर पल में

नए जन्म का संकेत देती है।
यह शक्ति है
जो जन्म देती है जीवन को,
और शक्ति ही है
जो मृत्यु के बाद
नई यात्रा का प्रारंभ करती है।
शाक्त आगम में यह सिखाया जाता है
कि देवी की आराधना में
हर साधक को मिलती है
उसकी अपनी शक्ति,
जहाँ वह देवी के साथ
एकाकार हो जाता है।

यह आगम सिखाता है
वह तंत्र का मार्ग,
जहाँ साधक अपने भीतर की शक्ति को
जाग्रत करता है,
और उसे नियंत्रित कर
देवी के साथ उसका मिलन कराता है।
यह साधना का वह पथ है
जहाँ शक्ति का प्रयोग
केवल सृजन के लिए होता है,
जहाँ शक्ति का संतुलन
जीवन और मृत्यु,
ध्यान और क्रिया,
सबमें दिखाई देता है।
यहाँ शक्ति का अर्थ
केवल बाहरी शक्ति नहीं,
यह वह आंतरिक जागरूकता है
जो साधक को मुक्ति की ओर ले जाती है।

शाक्त आगम,
देवी का वह स्वरूप
जो हर रूप में प्रकट होता है,
कभी काली के रूप में
जो अधर्म का संहार करती हैं,
तो कभी दुर्गा के रूप में
जो अपने भक्तों की रक्षा करती हैं।
यह आगम कहता है
कि शक्ति का स्वरूप
हर जीवन के भीतर बसता है,
और साधक को चाहिए
कि वह उस शक्ति को पहचाने,
उसे साधे,
और उसे देवी के चरणों में अर्पित करे।

शाक्त आगम सिखाता है
स्त्री और पुरुष का वह संतुलन,
जहाँ शक्ति और शिव
एक साथ चलते हैं,
जहाँ सृष्टि का हर कण
शिव और शक्ति के मिलन का परिणाम है।
यहाँ शक्ति की पूजा
न केवल बाहरी उपासना है,
यह आत्मा की उस यात्रा का
एक पड़ाव है
जहाँ साधक पाता है
अपनी वास्तविक पहचान।

शाक्त आगम में
शक्ति का हर रूप
एक नई शिक्षा देता है,

जहाँ साधना का मार्ग
देवी की कृपा से प्रकाशित होता है।
यहाँ भोग और मोक्ष का संतुलन
शक्ति के हाथों में होता है,
जहाँ हर कर्म
देवी की आराधना का माध्यम बनता है,
और हर साधक
उनकी शरण में पाता है
अपनी मुक्ति का मार्ग।

शाक्त आगम,
न केवल तंत्र और मंत्र का ज्ञान,
यह है उस आत्मा की पुकार
जो शक्ति की खोज में निकलती है,
जहाँ देवी की कृपा से
हर साधक पाता है
अपने जीवन का अंतिम सत्य।
यह आगम कहता है
कि शक्ति ही जीवन है,
और जीवन ही शक्ति का रूप।
यहाँ साधक और देवी
एक हो जाते हैं,
जहाँ शक्ति का स्पंदन
हर श्वास में महसूस होता है,
और साधक पाता है
अपनी मुक्ति,
अपनी शक्ति में।

तंत्र शास्त्र

तंत्र शास्त्र (Tantra Shastra) हिन्दू धर्म में एक विशेष ज्ञान प्रणाली है, जो साधना, ध्यान, और अनुष्ठानों के माध्यम से आत्मा की मुक्ति और ईश्वर के साथ एकता प्राप्त करने के लिए मार्गदर्शन प्रदान करती है। इसमें विभिन्न शक्तियों, मंत्रों, और तांत्रिक प्रक्रियाओं का उपयोग किया जाता है। यहाँ पर प्रमुख तंत्र शास्त्रों का संक्षिप्त परिचय दिया गया है:

1. कालिका तंत्र:

मुख्य सिद्धांत: कालिका तंत्र देवी काली की उपासना पर आधारित एक महत्वपूर्ण तांत्रिक ग्रंथ है। इसमें देवी काली के विभिन्न रूपों का वर्णन किया गया है और उनकी कृपा प्राप्त करने के लिए विशेष अनुष्ठान और साधनाओं का विवरण दिया गया है। कालिका तंत्र में तांत्रिक साधनाओं, मंत्रों, और यंत्रों का उपयोग कर शक्ति, ज्ञान, और सिद्धियों की प्राप्ति के लिए दिशा-निर्देश प्रदान किए गए हैं। यह ग्रंथ साधक को देवी के आशीर्वाद से सभी विघ्नों और बाधाओं को दूर करने के लिए प्रेरित करता है। कालिका तंत्र में भक्ति और तंत्र साधना के बीच के संबंध को भी समझाया गया है।

2. श्री तंत्र:

मुख्य सिद्धांत: श्री तंत्र देवी लक्ष्मी और श्री के उपासना के लिए एक महत्वपूर्ण तांत्रिक ग्रंथ है। यह ग्रंथ देवी लक्ष्मी की कृपा प्राप्त करने, समृद्धि, सुख, और स्वास्थ्य की प्राप्ति के लिए विधियों और अनुष्ठानों का विस्तृत विवरण प्रस्तुत करता है। श्री तंत्र में विभिन्न प्रकार के यंत्रों और मंत्रों का उपयोग करके तांत्रिक साधनाओं का वर्णन किया गया है। इसमें ध्यान, साधना, और पूजा के विधियों को

विशेष महत्व दिया गया है। श्री तंत्र साधक को आंतरिक शक्ति और समृद्धि प्राप्त करने में मदद करता है।

ये तंत्र शास्त्र तांत्रिक साधना की गहराई को समझने और देवी शक्तियों के साथ संपर्क स्थापित करने में महत्वपूर्ण भूमिका निभाते हैं। इन ग्रंथों के माध्यम से साधक अपने जीवन में शक्ति, सिद्धि, और शांति प्राप्त कर सकता है।

कालिका तंत्र का रहस्य

कालिका तंत्र,
वह गूढ़ रहस्य,
जहाँ जीवन और मृत्यु का संतुलन
एक ही क्षण में समाहित है।
यह वह मार्ग है
जो साधक को
माया की परिधि से बाहर खींचता है,
जहाँ कालिका,
महाकाली के रूप में
प्रकट होती हैं
समस्त सृष्टि की आधारशिला के रूप में।
वह केवल संहार नहीं,
वह पुनर्जन्म की शक्ति हैं,
जहाँ हर अंत
एक नए आरंभ का बीज होता है।

महाकाली,
जिनके काले रूप में
छिपी है वह अपरिमित ऊर्जा,
जो हर जीव को
उसकी वास्तविकता का आभास कराती है।
यह तंत्र का मार्ग
केवल भौतिक शक्ति का ज्ञान नहीं,
यह है आंतरिक जागरण की वह यात्रा,
जहाँ साधक अपने भीतर की कालिका को
पहचानता है,
जिसमें छिपी है उसकी मुक्ति की शक्ति।
यह तंत्र नहीं केवल

विधि और विधान का संकलन,
यह है आत्मा की खोज का वह पथ,
जो साधक को
कालिका की शरण में ले जाता है।

यहाँ कोई भय नहीं,
कोई द्वंद्व नहीं,
केवल कालिका की करुणा है,
जो उनके शरणागत को
उनकी छाया में सुरक्षा देती है।
वह काली हैं,
वह दिगंबर हैं,
और उनके चरणों में
हर मोह, हर भ्रम
क्षण भर में नष्ट हो जाता है।
यह तंत्र का वह मार्ग है
जहाँ साधक को
अपने भीतर की कालरात्रि का सामना करना पड़ता है,
जहाँ अज्ञान का संहार
काली की कृपा से होता है।

कालिका तंत्र में
भय और शक्ति का संतुलन
हर साधक के लिए एक चुनौती है।
यह तंत्र नहीं केवल क्रिया,
यह है वह साधना
जो साधक को अपने भीतर
उस गूढ़ सत्य तक ले जाती है,
जहाँ हर प्रश्न का उत्तर
कालिका की दृष्टि में छिपा होता है।
यहाँ अज्ञान का अंधकार

महाकाली के तेज में
विलीन हो जाता है,
और साधक को मिलती है
उसकी अपनी शक्ति की पहचान।

कालिका,
जो हैं संहार की देवी,
वह केवल विनाश नहीं करतीं,
वह देती हैं नया जन्म,
वह हैं सृजन की अनंत शक्ति,
जो हर अंत के बाद
नया आरंभ रचती है।
यह तंत्र का मार्ग
कठिन है,
दुर्गम है,
परंतु इसमें छिपा है
वह अमृत,
जो साधक को उसकी मोक्ष की यात्रा में
सहारा देता है।

यहाँ मंत्र नहीं
केवल ध्वनि का उच्चारण,
यह वह स्पंदन है
जो ब्रह्मांड की हर धारा में
प्रवाहित होता है।
यह तंत्र सिखाता है
कि जीवन और मृत्यु
सिर्फ माया का खेल हैं,
और काली का रूप
इस माया के पार का सत्य है।
यह सत्य वह है

जो साधक को मुक्त करता है
उसके बंधनों से,
और उसे कालिका की शक्ति में
विलीन होने का अवसर देता है।

कालिका तंत्र,
जहाँ साधना का हर क्षण
विनम्रता और साहस का प्रतीक है,
यह वह साधना है
जहाँ साधक को
अपने अहंकार को त्यागना पड़ता है,
और कालिका की महिमा में
समर्पित हो जाना पड़ता है।
यह तंत्र का मार्ग
न केवल ज्ञान का,
यह है प्रेम का भी,
जहाँ महाकाली का क्रोध
उनके शरणागत के लिए
करुणा में बदल जाता है,
जहाँ हर कठिनाई
साधक के लिए
एक नए प्रकाश का द्वार खोलती है।

कालिका तंत्र में
प्रकट होती है शक्ति,
जो सृष्टि के हर अंश में
स्पंदित होती है।
यह वह शक्ति है
जो साधक को
उसकी सीमाओं से परे ले जाती है,
जहाँ काली का आशीर्वाद

उसे अज्ञान से ज्ञान की ओर,
मृत्यु से अमरत्व की ओर
प्रेरित करता है।
यह तंत्र का वह मार्ग है
जो हर साधक को
उसकी शक्ति का अनुभव कराता है,
जहाँ कालिका की उपासना
न केवल बाहरी पूजा है,
यह आत्मा की वह साधना है
जो उसे मुक्त करती है।

कालिका तंत्र,
न केवल शक्ति का प्रतीक,
यह है वह मार्ग
जहाँ साधक
अपने भीतर की गहराइयों में उतरता है,
और पाता है
कालिका का अनंत रूप,
जहाँ शक्ति का हर रूप
साधक को सिखाता है
सृजन और संहार का संतुलन।
यह तंत्र सिखाता है
कि कालिका की कृपा से
हर साधक को मिलता है
जीवन का अंतिम सत्य,
जहाँ कालिका की शक्ति
उसे उसकी मुक्ति की ओर
प्रेरित करती है,
और वह काली के चरणों में
विलीन हो जाता है।

श्री तंत्र की शक्ति

श्री तंत्र,
वह दिव्य ज्ञान
जो देवी की महिमा में रचा गया,
जहाँ लक्ष्मी का आशीर्वाद
जीवन के हर पल में
प्रकट होता है।
यह तंत्र नहीं केवल
मंत्रों का संग्रह,
यह है समृद्धि का मार्ग,
जहाँ आध्यात्मिक और भौतिक दोनों
संतुलन में चलते हैं।
यह है वह शास्त्र
जो जीवन के हर पहलू को
दिव्य दृष्टि से देखता है,
जहाँ साधक को मिलता है
धन, वैभव और शांति का उपहार।

श्री,
जो सृजन की शक्ति हैं,
जो जीवन के हर कण में
संपूर्णता का आशीर्वाद देती हैं।
यह तंत्र सिखाता है
धन का सही उपयोग,
समृद्धि का मार्ग,
जहाँ लक्ष्मी केवल बाहरी संपत्ति नहीं,
बल्कि वह आंतरिक शांति हैं,
जो साधक के मन में
सदा बसती हैं।

श्री तंत्र कहता है
कि भौतिक सुख और अध्यात्म
एक साथ चलते हैं,
जहाँ साधक अपने कर्मों से
अपना भाग्य रचता है,
और लक्ष्मी की कृपा से
हर कदम पर उसे
उसकी साधना का फल मिलता है।

यह तंत्र नहीं केवल
पूजन विधि का ज्ञान,
यह है जीवन का दर्शन,
जहाँ श्री का आह्वान
हर विचार, हर कर्म में होता है।
यह वह मार्ग है
जहाँ साधक लक्ष्मी की कृपा से
अपने जीवन को सृजनशील बनाता है,
और हर कठिनाई में
वह अडिग रहता है,
क्योंकि उसके भीतर
श्री का आलोक
उसे मार्ग दिखाता है।

श्री तंत्र में
धन का महत्व है,
परंतु यह सिखाता है
धन का सही स्थान,
जहाँ धन केवल साधन है,
साध्य नहीं।
यह तंत्र कहता है
कि धन वह शक्ति है

जो समाज का कल्याण कर सकती है,
और साधक को सिखाता है
कि वैभव का उपयोग
कैसे धर्म और कर्तव्य के मार्ग पर किया जाए।
यहाँ लक्ष्मी की पूजा
न केवल बाहरी समृद्धि के लिए है,
बल्कि आंतरिक शांति और संतुलन के लिए भी।

यह तंत्र सिखाता है
कि लक्ष्मी केवल धन की देवी नहीं,
वह हैं सौंदर्य, प्रेम, और सृजन की शक्ति,
जो जीवन को सुंदर बनाती हैं।
यहाँ साधक को सिखाया जाता है
कैसे वह अपने मन को शुद्ध करे,
अपने कर्मों को पवित्र बनाए,
और लक्ष्मी की कृपा से
अपने जीवन में सौभाग्य लाए।
यह तंत्र का वह मार्ग है
जहाँ साधक अपनी इच्छाओं को
लक्ष्मी की चरणों में समर्पित करता है,
और उसकी साधना
उसे आत्मा की गहराइयों तक ले जाती है।

श्री तंत्र में
प्रकट होती है समृद्धि की वह धारा,
जो केवल भौतिक नहीं,
बल्कि आत्मिक है।
यहाँ हर साधक को
उसके कर्मों का फल मिलता है,
और लक्ष्मी की कृपा से
वह अपने जीवन को

धन, वैभव, और अध्यात्म की यात्रा में
संतुलित रखता है।
यहाँ मंत्र केवल उच्चारण नहीं,
यह है वह शक्ति
जो साधक को लक्ष्मी के साथ
एकाकार होने का अनुभव कराती है।

श्री तंत्र,
जहाँ जीवन का हर पहलू
संतुलित और सृजनशील होता है।
यह तंत्र सिखाता है
धन का उपयोग
धर्म और सेवा के मार्ग पर,
जहाँ लक्ष्मी की कृपा से
साधक को मिलता है
जीवन का सार,
जो उसे समाज और आत्मा दोनों में
संपूर्णता प्रदान करता है।
यह तंत्र नहीं केवल
धन और वैभव का साधन,
यह है उस प्रेम और करुणा का मार्ग
जो लक्ष्मी की कृपा से
हर हृदय में प्रवाहित होता है।

श्री तंत्र कहता है
कि जीवन की समृद्धि
केवल बाहरी वस्त्तों में नहीं,
यह उस आंतरिक आलोक में है
जो साधक को उसकी साधना के पथ पर
दिव्यता की ओर ले जाता है।
यह तंत्र का वह मार्ग है

जहाँ साधक अपने भीतर की
शक्ति को जाग्रत करता है,
और लक्ष्मी की कृपा से
हर सुख और शांति का अनुभव करता है।

श्री तंत्र,
एक ऐसा दर्शन,
जो जीवन को पूर्णता की ओर
प्रेरित करता है,
जहाँ धन, धर्म, और अध्यात्म
एक साथ चलते हैं,
जहाँ लक्ष्मी की कृपा से
हर साधक पाता है
जीवन का अंतिम सत्य,
जो उसे आंतरिक और बाहरी दोनों
समृद्धि प्रदान करता है।
यह तंत्र का वह मार्ग है
जो साधक को उसकी यात्रा में
सभी मोक्ष और सुख की ओर
प्रेरित करता है,
और लक्ष्मी के आशीर्वाद से
उसे सृजन की अनंत धारा में
विलीन कर देता है।

भक्ति शास्त्र

1. श्रीमद्भगवद्गीता:

संक्षिप्त परिचय: श्रीमद्भगवद्गीता महाभारत के भीष्म पर्व का एक अंश है, जिसमें भगवान श्री कृष्ण ने अर्जुन को धर्म, कर्म, और भक्ति के सिद्धांतों का उपदेश दिया है। यह ग्रंथ जीवन के विभिन्न पहलुओं, जैसे कि कर्मयोग, भक्ति योग, और ज्ञानयोग पर आधारित है। गीता आत्मा की अमरता, धर्म के पालन, और भक्ति के महत्व पर प्रकाश डालती है।

2. रामचरितमानस:

संक्षिप्त परिचय: रामचरितमानस गोस्वामी तुलसीदास द्वारा रचित एक प्रसिद्ध हिंदी महाकाव्य है। यह भगवान राम के जीवन, उनके चरित्र, और उनकी लीलाओं का वर्णन करता है। रामचरितमानस भक्तों के लिए एक मार्गदर्शक ग्रंथ है, जिसमें भक्ति, धर्म, और नैतिकता के सिद्धांतों का उद्घाटन किया गया है। इसे हिंदी साहित्य की एक अमूल्य कृति माना जाता है।

3. नारद भक्ति सूत्र:

संक्षिप्त परिचय: नारद भक्ति सूत्र एक महत्वपूर्ण ग्रंथ है, जो भक्तिभाव और भक्ति के मार्ग को स्पष्ट करता है। इसे ऋषि नारद द्वारा रचित माना जाता है। इस ग्रंथ में भक्ति के सिद्धांत, लक्षण, और भक्ति के विभिन्न स्तरों का वर्णन किया गया है। यह ग्रंथ भक्ति के महत्व और उसके प्रभाव को उजागर करता है।

4. गीता गोबिंदः

संक्षिप्त परिचय: गीता गोबिंद जयदेव द्वारा रचित एक प्रसिद्ध काव्य है, जिसमें भगवान कृष्ण और राधा के प्रेम और भक्ति का वर्णन किया गया है। यह ग्रंथ श्रृंगार रस पर आधारित है और इसमें भक्ति, प्रेम, और आत्मा की दिव्यता का सूक्ष्म चित्रण किया गया है। गीता गोबिंद भारतीय संगीत और नृत्य में भी महत्वपूर्ण स्थान रखता है।

1. सूरसागर: संत सूरदास द्वारा रचित इस ग्रंथ में भगवान श्रीकृष्ण के बाल-लीलाओं, रासलीलाओं और जीवन की विभिन्न घटनाओं का सुंदर वर्णन है। यह ग्रंथ भक्तिकाल का एक महत्वपूर्ण काव्य है जिसमें भाव और भाषा का अनूठा संगम देखने को मिलता है।

2. तिरुवचमोली: यह तमिल भक्ति साहित्य का एक ग्रंथ है, जिसे श्रीवैष्णव संत तिरुवल्लुवर ने लिखा था। इसमें भगवान विष्णु की भक्ति का गहन विवरण है और यह विशेष रूप से तमिल क्षेत्र में वैष्णव भक्तों के बीच लोकप्रिय है।

3. ज्ञानेश्वरी: संत ज्ञानेश्वर द्वारा रचित यह ग्रंथ श्रीमद्भगवद्गीता का मराठी भाषा में काव्यात्मक अनुवाद है। इसमें भक्त और ज्ञान मार्ग का मिश्रण मिलता है, और इसे मराठी साहित्य का अनमोल रत्न माना जाता है।

4. मीरा अमृतवाणी: संत मीरा बाई की रचनाओं का संग्रह है, जिसमें उन्होंने भगवान कृष्ण के प्रति अपने प्रेम और भक्ति को अभिव्यक्त किया है। उनके भजनों में गहरा भक्ति भाव और समर्पण झलकता है।

5. कबीर बीजक: संत कबीरदास की रचनाओं का संग्रह है, जिसमें उनके दोहे, साखियाँ, और रमैनियाँ सम्मिलित हैं। बीजक में

उनके दर्शन और समाज सुधार के विचार मिलते हैं। यह ग्रंथ संत कबीर के अनुयायियों के लिए अत्यधिक महत्व रखता है।

6. अभंग: संत तुकाराम और अन्य मराठी संतों के भक्ति गीतों का संग्रह है। ये अभंग महाराष्ट्रीयन संत परंपरा का अभिन्न अंग हैं और भगवान विठोबा (विष्णु का रूप) की भक्ति का गहरा भाव व्यक्त करते हैं।

7. पदावली: चैतन्य महाप्रभु कृत पदावली भगवान श्रीकृष्ण के प्रति उनके गहरे प्रेम और भक्ति को अभिव्यक्त करती है। महाप्रभु का यह पदावली संग्रह बांग्ला भक्ति साहित्य का महत्वपूर्ण अंग है और इसमें भक्ति, प्रेम, वैराग्य और कृष्ण के प्रति समर्पण की भावनाएँ संजीवित हैं।

8. गुरुग्रंथ साहिब: यह सिख धर्म का पवित्र ग्रंथ है, जिसमें गुरु नानक, गुरु अर्जुन, और अन्य सिख गुरुओं के साथ-साथ संतों की रचनाएँ शामिल हैं। इसमें ईश्वर के प्रति भक्ति, करुणा और समर्पण के संदेश हैं और यह सिख धर्म का मुख्य आधार है।

9. कंबन रामायण: यह तमिल भाषा में कंबन द्वारा रचित रामायण है। इसमें वाल्मीकि रामायण की कथा को तमिल संस्कृति और परंपरा के अनुसार प्रस्तुत किया गया है और इसे तमिलनाडु में अत्यधिक आदर और श्रद्धा के साथ पढ़ा जाता है।

10. विनयपत्रिका: संत तुलसीदास द्वारा रचित यह भक्ति ग्रंथ है जिसमें भगवान राम से विनय और प्रार्थना की गई है। इसमें तुलसीदास जी ने अपने मनोभावों को व्यक्त किया है और इसे रामभक्ति साहित्य में उच्च स्थान प्राप्त है।

श्रीमद्भगवद्गीता का ज्ञान

गीता,
वह ग्रंथ जो युद्धभूमि में
कृष्ण के वचनों से अंकित हुआ,
जहाँ अर्जुन के संशयों का समाधान
मिला ब्रह्मज्ञान से।
यह केवल उपदेश नहीं,
जीवन का वह मार्ग है
जो हर संकट में
प्रकाश दिखाता है,
जो मोह और माया के बीच
धर्म का सार सिखाता है।
यह संवाद है आत्मा और परमात्मा का,
जहाँ कर्म की महत्ता
हर श्लोक में गूंजती है,
और निष्ठा की धारा
हर वाक्य में प्रवाहित होती है।

कृष्ण कहते हैं,
"कर्म करो,
फल की चिंता मत करो,"
यह उपदेश नहीं केवल
यह जीवन की सच्चाई है,
जो हर क्षण को पूर्णता में जीने का
संदेश देता है।
यह ज्ञान है
जो अज्ञान के अंधकार को मिटाता है,
यह वह दीपक है
जो साधक को

मोह, भय, और असमंजस से मुक्त करता है।
यह संवाद है
कृष्ण और अर्जुन का,
पर यह केवल अर्जुन के लिए नहीं,
यह हर उस व्यक्ति के लिए है
जो जीवन के कठिन मोड़ों पर
अपने कर्तव्य से भ्रमित होता है।

यहाँ धर्म और अधर्म का
विचार नहीं,
बल्कि यह सिखाया गया है
कि कर्तव्य और कर्म
कैसे जीवन का आधार बनते हैं।
गीता कहती है,
"जो हो रहा है,
वह केवल ईश्वर की लीला है,"
और यह सिखाती है
कि हर जीव
अपने कर्तव्यों में बंधा हुआ है।
यह कर्मयोग है,
जहाँ संन्यास और कर्म का मेल होता है,
जहाँ संन्यासी वह नहीं
जो संसार त्यागे,
बल्कि वह है
जो संसार में रहते हुए
संतुलन बनाए।

गीता का हर श्लोक
जीवन के गहरे रहस्यों को
प्रकट करता है,
जहाँ कृष्ण का उपदेश

अर्जुन के हृदय को
अविचल करता है।
यह वह क्षण है
जब अर्जुन की चेतना जागृत होती है,
और वह अपने संशय और मोह से मुक्त होकर
अपने कर्तव्य का मार्ग चुनता है।
कृष्ण कहते हैं,
"आत्मा न जन्म लेती है,
न मरती है,"
यह सत्य है
जो मृत्यु के भय को
क्षण भर में नष्ट कर देता है।
यह आत्मा का अमरत्व है,
जो हर जीव को
उसकी अनंतता का आभास कराता है।

गीता सिखाती है
जीवन का सही अर्थ,
जहाँ सुख और दुख
दोनों ही समान हैं,
जहाँ सफलता और असफलता
एक ही सिक्के के दो पहलू हैं।
यह संतुलन का वह मार्ग है,
जहाँ हर व्यक्ति
अपने कर्मों से
अपना जीवन गढ़ता है।
यह मार्ग है ज्ञान का,
जो अज्ञान की परतों को हटाकर
सच्चाई के दर्शन कराता है।
गीता कहती है
कि सच्चा योगी वह है

जो मन के बंधनों से मुक्त हो,
जो अपने कर्मों में
पूर्णता प्राप्त करता है।

यह ज्ञान का वह स्रोत है,
जो केवल अर्जुन को नहीं,
हर युग, हर काल के लिए
प्रासंगिक है।
गीता सिखाती है
कि हर परिस्थिति में
धर्म का पालन कैसे किया जाए,
और यह धर्म केवल
सामाजिक नहीं,
यह आत्मिक भी है,
जहाँ साधक को
अपने भीतर के सत्य की खोज करनी होती है।
यह भक्ति का मार्ग है,
जो ईश्वर की कृपा से
जीवन को दिशा देता है,
जहाँ कर्म, ज्ञान, और भक्ति
एकाकार होते हैं।

गीता के श्लोकों में
जीवन का हर पक्ष
समाहित है,
जहाँ युद्ध केवल बाहरी नहीं,
आत्मा के भीतर का भी है।
यह संघर्ष है मोह और ज्ञान का,
जहाँ हर व्यक्ति को
अपने भीतर की चेतना को जागृत करना होता है।
गीता कहती है,

"नहीं है कोई बंधन
उसके लिए जो
ईश्वर में समर्पित हो,"
यह भक्ति का वह भाव है
जो व्यक्ति को मुक्त करता है
उसकी सीमाओं से।

यह संवाद है
कृष्ण का,
पर यह संवाद
हर आत्मा का है,
जो अपने अस्तित्व की खोज में
यात्रा करती है।
गीता का संदेश
केवल युद्धभूमि का नहीं,
यह जीवन की हर परिस्थिति का
दर्पण है,
जहाँ हर व्यक्ति
अपनी भूमिका निभाता है,
और अपने कर्मों से
अपना भविष्य बनाता है।
गीता सिखाती है
कि जीवन का मार्ग
संतुलन, समर्पण, और साहस का है,
जहाँ हर कदम पर
ईश्वर की कृपा
हमारे साथ होती है।

गीता,
जिसका हर श्लोक
जीवन का मार्गदर्शक है,

जो हर आत्मा को
उसके सत्य की ओर
प्रेरित करता है।
यह केवल एक ग्रंथ नहीं,
यह जीवन की वह यात्रा है
जहाँ साधक
अपने कर्मों के माध्यम से
मोक्ष की ओर अग्रसर होता है।
यह वह संवाद है
जो हर युग में
नई दृष्टि प्रदान करता है,
और हर आत्मा को
उसके कर्तव्यों का बोध कराता है।
गीता,
जो जीवन का सार है,
वह आज भी
उतनी ही प्रासंगिक है
जितनी कल थी,
और जितनी कल रहेगी।

रामचरितमानस की भक्ति

रामचरितमानस,
ध्यान की धारा में बहे
भक्ति और प्रेम का सागर,
जहाँ भगवान राम का
संचार हो रहा है।
तुलसीदास की कलम से
उभरी हुई,
यह कथा जीवन का
अनमोल मंत्र है,
जहाँ हर पात्र,
हर घटना,
सत्य और धर्म का
प्रतिनिधित्व करता है।

श्री राम,
धर्म के प्रतीक,
जिनकी छवि में
संकट और संघर्ष
का सामना करने की
शक्ति है।
उनकी चिरपरिचित छवि,
जो हर मन में
एक नई आशा का
संविधान करती है।
श्री राम,
जिनका हृदय
प्रेम और करुणा से भरा है,
जिनका उद्देश्य

सिर्फ मानवता की
सेवा करना है।

सीता,
जिनकी निष्ठा और
धैर्य की कहानियाँ
हमें सिखाती हैं
कि सच्ची प्रेम कथा
कभी समाप्त नहीं होती।
उनका त्याग,
उनका बलिदान,
हर नारी के लिए
एक प्रेरणा का स्रोत है।
सीता का आत्म-विश्वास
और राम के प्रति
उनका अटूट प्रेम,
एक आदर्श युगल की
दृश्यता है।

हनुमान,
जो सच्चे भक्त की
प्रतिभा को दर्शाते हैं,
उनकी निस्वार्थ सेवा
हमेशा याद की जाएगी।
एक वानर,
जिसने श्री राम की
सेवा में अपने
सर्वस्व को
समर्पित कर दिया।
उनकी हिम्मत,
उनका साहस,

किसी भी संकट में
धैर्य रखने का
उदाहरण है।

रामचरितमानस की कथा,
जिसमें हर पात्र
एक गहरी सोच का
प्रतिनिधित्व करता है।
शुरुआत से अंत तक,
यह धर्म और नीति का
एक पवित्र ग्रंथ है,
जो हमें बताता है
कि कैसे एक व्यक्ति
अपने कर्मों से
एक नई परिभाषा
बना सकता है।

राजधर्म की बातें,
जिसमें धर्म और नीतियों
का संतुलन है,
किसी भी राजा का
सच्चा कर्तव्य
हमें याद दिलाता है।
राजा राम का
सर्वप्रथम कार्य,
अपने प्रजाजनों की भलाई,
जो आदर्श शासक का
चित्रण करता है।

यह कथा,
सिर्फ एक कहानी नहीं,

यह जीवन का
एक आदर्श है,
जहाँ हर मोड़ पर
सत्य की विजय होती है।
जहाँ बुराई का
नाश होता है,
जहाँ हर व्यक्ति
धर्म का अनुसरण करता है।

रामायण की यह यात्रा,
जो हमें बताती है
कि सच्चा प्रेम,
सच्चा विश्वास
और सच्चा त्याग
किस प्रकार
जीवन को
एक नया अर्थ
दे सकते हैं।
एक सच्चे भक्त का
कर्म,
उसके भाव और
उसकी निष्ठा,
यह सब कुछ
रामचरितमानस में
संगृहीत है।

संकट के समय में,
जब मानवता को
सत्य की आवश्यकता होती है,
यह ग्रंथ
एक मार्गदर्शक बनकर

उभरता है।
यह हमें सिखाता है
कि कैसे कठिनाइयों
का सामना करना है,
कैसे विश्वास और
धैर्य के साथ
हर बाधा को
पार करना है।

रामचरितमानस,
एक ऐसी कृति है
जो हर युग में
प्रासंगिक है,
जहाँ हर व्यक्ति
अपने भीतर के
राम को पहचानता है।
यह प्रेम और
भक्ति की गाथा,
सत्य और धर्म का
अद्भुत संगम,
हमेशा हमारे दिलों में
विवेक और संतोष
की भावना जगाएगी।

यह केवल एक ग्रंथ नहीं,
यह जीवन की
एक सच्ची तस्वीर है,
जो हमें याद दिलाती है
कि सच्चा प्रेम
और सच्चा धर्म
कभी न मिटने वाले हैं।

रामचरितमानस,
जो हमारे मन को
शांति और संतोष का
आसमान देता है,
यहाँ हर पल में
श्री राम की कृपा
का अनुभव होता है।

नारद भक्ति सूत्र का प्रेम

नारद भक्ति सूत्र,
भक्ति का एक अद्वितीय गहना,
जो समर्पण और प्रेम का
गहनतम ज्ञान है।
एक मार्गदर्शक,
जिसमें समाहित हैं
ईश्वर की भक्ति के
अनगिनत रंग,
जहाँ साधक की यात्रा
भक्ति की गहराइयों में
खुद को खोजने तक जाती है।

नारद मुनि की वाणी,
जिनमें एक सच्चे भक्त का
आस्था और प्रेम का
अभिव्यक्ति होती है।
भक्ति,
जो केवल पूजा-पाठ नहीं,
यह एक गहरा संबंध है,
एक आत्मा की यात्रा
जो ईश्वर की ओर ले जाती है।
सच्ची भक्ति,
जिसमें न कोई मांग है,
न कोई डर,
सिर्फ एक निरंतर प्रेम
जो हर परिस्थिति में
मुस्कान लाता है।

अनेक बातें,
अनेक सूत्र,
जो भक्ति की परिभाषा को
गहराई से परिभाषित करते हैं।
आस्था का यह गहना,
जो हमें बताता है
कि सच्चा भक्त वही है,
जो हर स्थिति में
ईश्वर को अपने मन में
बसाए रखता है।
एक सरलता,
जो जटिलता को
पार कर जाती है,
जिसमें हृदय की सच्चाई
और मन की शुद्धता
अत्यंत महत्वपूर्ण हैं।

नारद के सूत्र,
जो केवल शब्द नहीं,
यह जीवन के
अभिन्न अंग हैं।
एक साधक,
जो भक्ति में
खुद को खो देता है,
वह ही सच्चा भक्त है।
यह न केवल विचार,
यह अनुभव का एक
सागर है,
जहाँ हर लहर में
ईश्वर का नाम
गूंजता है।

भक्ति का यह मार्ग,
जिसमें संकोच और भय
के लिए कोई स्थान नहीं।
एक निष्काम प्रेम,
जो खुद को
सिर्फ भक्ति में
अर्पित कर देता है।
यह केवल पूजा नहीं,
यह एक जीवन जीने का
तरीका है,
जहाँ हर कर्म में
ईश्वर की खोज होती है।

नारद भक्ति सूत्र,
एक ऐसा ज्ञान,
जो मानवता को
उसकी वास्तविकता से
जोड़ता है।
यह हमें याद दिलाता है
कि भक्ति की जड़ें
हमारे भीतर ही हैं,
बस हमें उन्हें
खोजना है।
एक साधक की दृष्टि,
जिसमें ईश्वर का
साक्षात्कार संभव है।

यह केवल धार्मिकता नहीं,
यह एक शुद्ध भावना है,
जो हृदय से निकलकर
संसार को आलोकित करती है।

भक्ति का यह पथ,
जो हर साधक को
आध्यात्मिकता की ओर
ले जाता है,
यह जीवन की
सच्ची उपलब्धि है।

नारद के सूत्र,
जो हमारे हृदय को
प्रकाशित करते हैं,
हमें सिखाते हैं
कि सच्ची भक्ति
सिर्फ शब्दों में नहीं,
बल्कि कर्मों में भी है।
हर साधना,
हर पूजा,
हर नाम जप,
ईश्वर के प्रति
सच्चे प्रेम का
प्रतिनिधित्व करती है।

एक भक्त,
जो अपने हर सांस में
ईश्वर का अनुभव करता है,
वही सच्चा भक्त है।
नारद भक्ति सूत्र,
जो हमें यह सिखाते हैं
कि भक्ति का असली अर्थ
क्या है।
एक गहन प्रेम,
जो न केवल आत्मा को

बल्कि सम्पूर्ण संसार को
एकता में लाता है।

यह ग्रंथ,
एक सच्चा मित्र,
जो हर पल
हमारी राह को
प्रकाशित करता है,
नारद भक्ति सूत्र,
एक अनमोल धरोहर,
जो हमें सिखाती है
कि प्रेम और भक्ति ही
जीवन का सबसे बड़ा
उद्देश्य है।
जहाँ हर मन में
ईश्वर का बसेरा हो,
और हर हृदय में
भक्ति की गूंज हो।

गीता गोविंद का माधुर्य

गीता गोबिंद,
कृष्ण की स्नेहिल लीलाओं का
एक अद्भुत संकलन,
जहाँ प्रेम और भक्ति की
गहराइयों में
हम सब डूबते हैं।
कृष्ण की बाँसुरी की तान,
जो समय की सीमाओं को
पार कर देती है,
दिलों में एक अदृश्य
संवाद बुनती है।

गोविंद,
जो हमारे भीतर का
निःस्वार्थ प्रेम
बजाते हैं।
हर चरित्र,
हर संवाद,
जो केवल अलंकार नहीं,
यह जीवन की सच्चाइयों का
प्रतिनिधित्व करते हैं।
कृष्ण का सौंदर्य,
उनकी लीला,
हर मन को मोहती है,
जैसे बागों में
खिलते हुए फूल।

गीता गोबिंद,

जिसमें छिपा है
धर्म का संदेश,
नैतिकता का सूत्र,
जिसमें जीवन का
गूढ़ रहस्य है।
कृष्ण के सन्देश,
जिनमें प्रेम की
अनन्तता है,
संसार की हर
जटिलता को
सरलता में बदल देते हैं।

जन्मों की बात,
एक संवाद की तरह,
कृष्ण का हर शब्द
हमें प्रेम की ओर
आकर्षित करता है।
भक्ति में लीन होकर,
सुख-दुख की परवाह
न करते हुए,
सिर्फ कृष्ण के साथ
एकता का अनुभव करते हैं।

गीता गोबिंद,
जो हमें बताता है
कि सच्चा प्रेम
किस प्रकार हर सीमा
को पार कर सकता है।
कृष्ण का जीवन,
जो एक आदर्श है,
एक संतुलन है

धर्म और भक्ति का,
जहाँ हर भावना
एक सच्चे भक्त का
प्रतिनिधित्व करती है।

राधा,
जिनका प्रेम
कृष्ण के प्रति
अनंत है,
उनकी भक्ति का
अनूठा स्वरूप।
कृष्ण के साथ
हर पल,
एक अद्वितीय
संयोग की तरह,
जहाँ प्रेम में
सिर्फ समर्पण है।

गीता गोबिंद,
एक साधक की यात्रा,
जो हर मन को
सुख और शांति
की ओर ले जाती है।
यह हमें सिखाता है
कि सच्ची भक्ति
केवल भक्ति नहीं,
यह एक अनुभव है,
जहाँ हम
ईश्वर की उपस्थिति
को महसूस करते हैं।

कृष्ण का यह ज्ञान,
जो प्रेम और ज्ञान का
अद्भुत संगम है,
हर अध्याय में
हमारे जीवन को
एक नया अर्थ
देता है।
यह ग्रंथ,
जो जीवन के हर पहलू को
प्रकाशित करता है,
हमें सिखाता है
कि कैसे एक साधक
अपने हृदय में
कृष्ण का अनुभव कर सकता है।

गीता गोबिंद,
एक अमृत,
जो आत्मा को
साक्षात्कार की ओर
ले जाता है।
यह एक गूढ़ संवाद है,
जो हमें बताता है
कि प्रेम की शक्ति
हर कठिनाई को
पार कर सकती है।
हर लहर,
हर स्वर,
कृष्ण के सन्देश का
प्रतिनिधित्व करते हैं।

यह केवल एक ग्रंथ नहीं,

यह जीवन का
एक गहरा संदेश है,
जो हमें याद दिलाता है
कि भक्ति, प्रेम और
आस्था ही
जीवन का असली
अर्थ है।
गीता गोबिंद,
जो हमारे हृदय को
प्रकाशित करता है,
एक शाश्वत प्रेम की
गाथा है,
जो हमें हर दिन
जीने का
एक नया दृष्टिकोण
देती है।

सूरसागर की अद्भुत यात्रा

सूरदास, गहरी भावना के साथ
कृष्ण की लीलाओं का बखान करते हैं,
जहाँ प्रेम की धारा बहती है,
जुड़ता है मन, आत्मा से,
जैसे नदियाँ सागर में समाहित होती हैं।

यहाँ हर पद में एक गीत है,
जो नृत्य करता है समय के साथ,
कृष्ण की मधुर छवि,
हर मन के ताज में बसी है।
गोपियाँ, उनकी सखियाँ,
प्रेम के रंग में रंगी हुई,
सूरदास की रचनाओं में,
जीवन की गहराइयों को छूती हैं।

जब कृष्ण बंसी बजाते हैं,
सुरों की लहरियाँ हर दिशा में फैलती हैं,
उनकी मुस्कान, जैसे चाँदनी रात,
आकर्षित करती है हर प्राणी को।
गोपियाँ प्रेम की मूरत बन जाती हैं,
उनकी आँखों में जलती हुई ज्योति,
कृष्ण की छवि को जीवित रखती है।

यह सूरसागर, केवल एक ग्रंथ नहीं,
यह प्रेम, भक्ति और समर्पण की गाथा है,

जहाँ सच्चाई का प्रकाश फैलता है,
संसार की कुटिलताओं से परे,
एक पवित्रता का अहसास कराता है।
सूरदास ने चित्रित किया है,
कृष्ण की बाल लीलाएँ,
जो सजीव हैं, और स्पंदित करती हैं,
धरा और आकाश के बीच,
कृष्ण की मधुर धुन में,
सृष्टि का हर कण नाचता है।

उनकी कविताएँ, जैसे नदियों का संगीत,
बहे चलती हैं निरंतर,
सूरदास के हृदय से निकली,
जैसे एक जलप्रपात की धारा,
जो कहीं भी थम नहीं जाती।

प्रेम की इस गहराई में,
भक्ति की नदियाँ बहती हैं,
सूरदास, एक सच्चे भक्त,
जो अपने काव्य से बुनते हैं,
मन के तारों को,
आध्यात्मिकता की रागिनी में।

यह सूरसागर, एक ऐसी कृति है,
जो हमें सिखाती है प्रेम का सच्चा रूप,
कृष्ण की लीलाओं में डूबकर,
जीवन के सार को पहचानना,

और अपने भीतर के कृष्ण को,
हर दिन, हर क्षण, जीवित रखना।

सूरदास, एक अद्वितीय साधक,
जिनकी कविताएँ,
हमें दिखाती हैं एक नया मार्ग,
जहाँ प्रेम, भक्ति और सौंदर्य,
सदा के लिए अमर हो जाते हैं,
जैसे सूरज की पहली किरण,
हर सुबह, नए जीवन का आह्वान करती है।

तिरुवाचमोली का अमर संदेश

तिरुवल्लुवर,
एक द्रष्टा,
जिनका ज्ञान,
सदियों से जीवंत है।
तिरुवाचमोली,
उनकी अद्भुत कृति,
एक दर्पण है,
जिसमें हम देखते हैं,
जीवन के गूढ़ रहस्य,
धर्म और आचार की छवि।

हर श्लोक में छिपा है,
जीवन का अर्थ,
सच्चाई का संज्ञान,
जैसे जल में लहरें,
जिनमें अंतर्निहित है,
गहराई का अनुभव।
धैर्य और संयम की शिक्षा,
कर्म और फल के संबंध,
यहां हर एक शब्द,
गूढ़ता का अभिव्यक्ति है।

तिरुवाचमोली,
आचार का मार्गदर्शक,
जो हमें दिखाता है,
किस तरह चलना है,
इस जीवन के रास्ते पर।
सुख और दुख की धारा में,

किस तरह संतुलित रहना है,
यहां हर निर्णय में,
सच्चाई का प्रकाश है।

विचारों का यह सागर,
हर व्यक्ति को सिखाता है,
अपने भीतर की खोज,
अपने अस्तित्व का अनुभव।
दया, करुणा, और प्रेम,
इन मूल्यों के माध्यम से,
तिरुवल्लुवर ने
हमारे हृदय को छू लिया है।

यह काव्य केवल पंक्तियों का समूह नहीं,
यह एक मंत्र है,
जो भक्ति और साधना का संगम है।
जो हमारे मन को प्रबुद्ध करता है,
आध्यात्मिकता की ओर ले जाता है।
इसमें छिपी हैं कहानियाँ,
जीवन के संघर्ष और सफलताओं की,
जो हमें बताते हैं,
कैसे हमें आगे बढ़ना है,
कभी रुकना नहीं है।

तिरुवाचमोली की गूंज,
संसार के कोने-कोने में,
जैसे नदी की धारा,
जिसमें शामिल हैं सब,
प्रकृति और मानवता के रंग,
एक दूसरे के पूरक,
इस जीवन के विस्तृत स्वरूप में।

तिरुवल्लुवर का संदेश,
समर्पण और सेवा का प्रतीक,
जो हमें सिखाता है,
कैसे जीना है एक सरल जीवन,
जहां अहंकार का स्थान नहीं,
जहां हम सब हैं,
एक ही कड़ी में बंधे हुए।

यह कृति,
हमारी आत्मा की पुकार,
हमेशा याद दिलाती है,
किस तरह जीना है,
इस जीवन को एक उद्देश्य के साथ,
जहां हर दिन एक नई शुरुआत है,
जहां प्रेम और दया,
सदा की छाया बनकर रहेंगे।

तिरुवाचमोली,
तिरुवल्लुवर का अमर उपहार,
एक ज्ञान का स्रोत,
जो हमें दिखाता है,
सच्चाई और सदाचार के मार्ग पर,
चलते रहना है हमें,
इस ज्ञान की रोशनी में,
अपने जीवन को सजाने के लिए,
हर एक पल को सार्थक बनाने के लिए।

ज्ञानेश्वरी का ज्ञान और प्रेम

ज्ञानेश्वरी,
जिसमें लिपटा है जीवन का गूढ़ रहस्य,
संत ज्ञानेश्वर का अमृतवचन,
जिसमें पवित्रता और सरलता का संयोग है,
भगवान कृष्ण की वाणी में गूंजती,
सचाई की एक अद्भुत कहानी है।

यह एक पवित्र ग्रंथ,
जो हर हृदय को छूता है,
जैसे सूर्य की पहली किरण,
जो अंधकार को दूर करती है।
इसके पन्नों में,
धैर्य और साहस का संदेश है,
कर्म और फल का संबंध,
जिसे समझना है,
जीवन की जटिलताओं में।

ज्ञानेश्वरी,
एक मार्गदर्शक,
जो साधक को दिखाती है,
कैसे पार करना है जीवन का सागर,
कभी शांत, कभी उथल-पुथल,
यह हमें सिखाती है,
किस तरह निरंतर आगे बढ़ना है,
हर परिस्थिति का सामना करना है।

यहां हर श्लोक में,
प्रेम और भक्ति की महिमा है,

कृष्ण की मधुर बातें,
जो हमारे मन में बसी हैं,
जिससे मिलती है प्रेरणा,
हर मुश्किल में खड़ा होने की।

ज्ञानेश्वरी का गूढ़ अर्थ,
समर्पण और सेवा का संदेश है,
जहां अहंकार का कोई स्थान नहीं,
जहां एकात्मता की अनुभूति है,
एक ही ब्रह्म में विलीन होना,
जीवन का सबसे बड़ा उद्देश्य है।

यह ग्रंथ हमें सिखाता है,
कैसे जीना है प्रेम के साथ,
कैसे हर व्यक्ति में देखना है,
भगवान का रूप,
हर जीव में समाहित हैं गुण,
जो हमें जोड़ते हैं एक बंधन में।

ज्ञानेश्वरी,
एक अनंत यात्रा का दस्तावेज,
जो हर पल को सार्थक बनाती है,
सुख-दुख की लहरों में,
निरंतर चलने का अभ्यास कराती है,
यह मन को शांति और संतोष देती है,
जैसे एक गहरी नदी,
जो सदा प्रवाहित होती है।

इस काव्य में छिपा है,
जीवन का गूढ़ रहस्य,
जैसे सर्दी की धूप,

जो ठंडक को दूर कर देती है,
ज्ञान और प्रेम का संगम,
हर हृदय को छू जाता है,
जो हमें सिखाता है,
कैसे चलना है इस जीवन के पथ पर।

ज्ञानेश्वरी की गूंज,
संसार के कोने-कोने में,
जैसे कोई मधुर राग,
जो जीवन को सजा देता है।
यह हमें एकता का संदेश देती है,
एक नई दृष्टि से देखने का साहस,
जहां हर आत्मा का मूल्य है,
और जहां प्रेम ही सबसे बड़ा धर्म है।

संत ज्ञानेश्वर का यह उपहार,
हमारे लिए एक अमूल्य धरोहर है,
जो हमें दिखाता है,
कैसे जीना है सच्चाई और भक्ति के साथ,
जीवन की इस अद्भुत यात्रा में,
जहां हम सब हैं,
एक ही धागे से जुड़े हुए,
एक ही लक्ष्य की ओर बढ़ते हुए।

अमृतवाणी का मीरा प्रेमालाप

अमृतवाणी,
मीरा की हृदय की गहराईयों से निकली,
प्रेम की गूंज,
जो आत्मा की पुकार है,
भगवान श्रीकृष्ण के प्रति,
अकथ प्रेम का अर्पण।

इस काव्य में,
छिपा है भक्ति का सार,
जैसे नदियों का जल,
जो बिना रुके बहता है,
सच्चे प्रेम की धारा में,
जो हर दिल को छूता है।

मीरा,
जो सजीव कर देती हैं
प्रेम की परिभाषा,
हर पंक्ति में हैं उनके
संकट और सुख के क्षण,
जो भक्ति में समाहित हैं,
कभी विरह में तड़पती,
कभी मिलन की आनंद से झूमती।

अमृतवाणी के हर शब्द में,
सहजता की महक है,
यह न केवल एक काव्य,
यह एक साधना है,
एक युग के भावों का

अभिव्यक्ति है।

कृष्ण के प्रति
उसका अद्भुत प्रेम,
एक समर्पण का उदाहरण है,
जिसमें न कोई शर्त है,
न कोई स्वार्थ,
बस एक निरंतर स्नेह का बंधन।

मीरा के गीत,
जैसे मधुर रागिनी,
जो मन को भाती है,
प्रेम के रंग में रंगती है,
हर एक सुनने वाले को,
एक अनोखे अनुभव से
भरा देती है।

यह अमृतवाणी,
हमें सिखाती है,
कैसे जीना है सच्चाई के साथ,
कैसे हर परिस्थिति में,
कृष्ण के प्रति
अटल विश्वास रखना है।
जो संसार की कठिनाइयों में भी,
सदा हमें मजबूत बनाता है।

इस काव्य की लहरों में,
है भक्त की भक्ति का
संदेश,
जो हमें जोड़ता है,
ईश्वर से,

हर जीव से,
एकता का अहसास कराता है।

मीरा का प्रेम,
एक अनमोल खजाना है,
जो न केवल उनके लिए,
बल्कि हर एक के लिए,
जो प्रेम में विश्वास रखता है।
यह अमृतवाणी,
हर दिल में एक उजाला है,
जो अंधकार को दूर करती है,
जैसे एक दीपक की रोशनी।

यहां हर पंक्ति,
एक मंत्र है,
जो प्रेम को जागृत करता है,
हमें सिखाता है
किस तरह जीना है,
कृष्ण के चरणों में,
हमेशा समर्पित रहना है।

अमृतवाणी,
मीरा की आत्मा की आवाज,
एक यात्रा है,
जो अनंत है,
जहां प्रेम और भक्ति का
संगम होता है,
एक ऐसी धारा,
जो कभी थमती नहीं,
सदा प्रवाहित रहती है।

कबीर बीजक की सच्चाई

कबीर बीजक,
जो जीवन की गहराइयों में छिपा है,
एक अमूल्य खजाना,
जिसमें धड़कते हैं
सत्य के अनगिनत स्वर।
कबीर की आवाज,
संसार की बुनियादों को हिलाने वाली,
जो जड़ता को तोड़ती है,
प्रेम और ज्ञान की राह पर चलाती है।

उनकी पंक्तियां,
जैसे बूँदें गिरती हैं धरती पर,
सच की नमी में भिगोती हैं,
हर हृदय में एक नवाज़ है,
जो अज्ञानता के अंधकार को दूर करती है।
कबीर,
जो एक साधक हैं,
एक बुनकर की तरह,
जीवन के ताने-बाने को बुनते हैं,
वो हमारे सामने रखते हैं
जिंदगी की सच्चाई।

बीजक में छिपा है,
आत्मा का संदेश,
जो एकता का बोध कराता है,
ईश्वर के प्रति
सच्चे प्रेम का निरूपण,
जहां हर जीव की महत्ता है,

एकता का अहसास,
हर पंक्ति में पिरोया हुआ।

कबीर का ज्ञान,
निराकार के लिए एक पुल,
जो हमें जोड़ता है
सृष्टि के हर कण से।
वे हमें दिखाते हैं,
कैसे हम खुद को पहचानें,
अहंकार का त्याग करें,
आत्मा की गहराइयों में उतरें।

बीजक की गहराइयों में,
छिपी हैं बुनियादी सच्चाइयां,
सुख-दुख का चक्र,
जीवन की अस्थिरता,
जो हर एक को
नवीन दृष्टि देती है।
सत्य की खोज में,
जो हमें आत्मा की ओर ले जाती है,
सत्य और प्रेम का संगम
इस जीवन का अभिन्न हिस्सा है।

कबीर की वाणी,
हमारे हृदय की गहराइयों को छूती है,
वे बोलते हैं
सरलता के साथ,
जो जटिलताओं को दूर करती है,
जो हमें सिखाती है,
कैसे जीना है,
एक सच्चे भक्त की तरह,

ईश्वर के चरणों में।

बीजक के हर शब्द में,
है एक नई रोशनी,
जो अंधेरे को दूर करती है,
एक साधना की राह पर
जो हमें जोड़े रखती है।
यह काव्य,
हमारी आत्मा की पुकार है,
जो हमें भक्ति और ज्ञान की ओर ले जाती है,
कबीर के अद्वितीय विचारों में,
जो हमें एकता का अहसास कराता है।

कबीर बीजक,
एक अमृत के समान,
जो जीवन की धारा में बहता है,
सच्चाई की खोज में,
जहां हम सब हैं,
एक ही धागे से जुड़े हुए,
एक अनंत यात्रा पर,
जहां प्रेम और ज्ञान का संगम है।

अभंग का तुकाराम प्रेम

अभंग,
तुकाराम की आवाज़,
जो भक्ति की सरलता में छिपी है,
जिसमें बहे हैं
प्रेम और श्रद्धा के असीम सागर।
हर पंक्ति में,
सत्य की एक किरण,
जो जीवन के अंधेरे को दूर करती है,
जैसे सुबह की पहली रोशनी,
जो हर जीव को जगाती है।

तुकाराम,
एक साधक,
जिन्हें भक्ति का अमृत प्राप्त है,
जो साधारण जीवन में,
असाधारणता की गूंज लेकर आए हैं।
उनके अभंग,
कृष्ण के प्रति अनन्य प्रेम का
एक स्तोत्र,
जो आत्मा को सच्चाई के मार्ग पर
चलने का साहस देता है।

अभंग की हर पंक्ति में,
छिपा है भक्ति का सूत्र,
कभी दुःख में भी,
सुख का संदेश है।
जब जीवन की राहें कठिन हों,
तो तुकाराम की बातें,

जैसे ताज़गी की बूँदें,
दिल की थकान को मिटाती हैं।

उनकी वाणी,
जैसे नदियों की कलकल,
संगीत की लहर में लिपटी,
हर अभंग में प्रेम का
नवीनतम अनुभव है,
जो मन में बसा देता है
भगवान के प्रति
निस्वार्थ भक्ति का भाव।

तुकाराम की सिखाई राह,
हमेशा सही दिशा दिखाती है,
कर्म और भक्ति का संयोग,
जो जीवन को अर्थ देता है।
सत्य की तलाश में,
उनका अभंग,
हमें बताता है कि,
किस तरह हम
ईश्वर के निकट पहुँच सकते हैं।

एक साधक की यात्रा,
जैसे पहाड़ों के बीच,
सरलता में छिपी गहराई,
हर अभंग में प्रेम की आवाज़,
जो हमें जोड़ती है,
सृष्टि के हर कण से,
हर एक प्राणी में,
एक अद्वितीयता की अनुभूति कराती है।

अभंग का गूढ़ अर्थ,
जीवन के उतार-चढ़ाव में,
हमारे लिए एक पथप्रदर्शक है,
जो हमें सिखाता है कि,
प्रेम और भक्ति से
हर कठिनाई को पार किया जा सकता है।
तुकाराम का अभंग,
हमारे हृदय की गहराइयों में,
एक अनंत शांति का संचार करता है।

यह अभंग,
एक यात्रा का दस्तावेज है,
जो हमें भक्ति के सागर में डुबोता है,
हर लहर में,
एक नया सबक है,
जीवन को सरलता से जीने का।
यह हमें सिखाता है कि,
हम सब एक हैं,
भक्ति की इस अद्भुत यात्रा में,
जहां हर दिल में बसी है
तुकाराम की अमिट छवि।

पदावली का चैतन्य संदेश

पदावली,
चैतन्य महाप्रभु की साधना का सफर,
जिसमें बहे हैं
प्रेम और भक्ति के असीम रस।
हर पंक्ति में छिपा है
ईश्वर का अद्वितीय स्वर,
जो आत्मा की गहराइयों को छूता है,
जैसे नदियों का कलकल,
जो समस्त बुराइयों को धो देती है।

महाप्रभु,
जिनकी वाणी में है
सच्चाई का जीवनदायिनी जल,
उनका पद,
हम सबको एकत्रित करता है,
धर्म और प्रेम की आधारभूमि पर,
जहां हर जीव को मिलता है
एक नया जीवन।

पदावली का हर अभिव्यक्ति,
भक्ति का एक मंत्र है,
जो आत्मा की यात्रा में
मोह और माया के बंधनों को तोड़ता है।
जब हरियाली में चहचहाते पंछियों की आवाज़,
सूरज की किरणों में बसी होती है,
तब चैतन्य का प्रेम,
हर दिल में बस जाता है।

उनकी शिक्षा,
नैतिकता और प्रेम का संचार करती है,
संसार के दर्द को,
समर्पण से मिटाने का मार्ग दिखाती है।
जैसे चाँद की चाँदनी रात में,
हर दिल में बसी है,
वैसे ही चैतन्य का संदेश,
हर मन में एक अलौकिक रोशनी फैला देता है।

महाप्रभु का पद,
एक साधक की निरंतर यात्रा है,
जहां भक्ति और ज्ञान का मिलन,
सच्चे प्रेम का रूप है।
हर अभंग में हैं सत्य के बीज,
जो सृष्टि के हर कण में,
नए सिरे से हरियाली लाते हैं।

पदावली का प्रवाह,
जैसे बहती धारा,
हर पंक्ति में एक नई ताजगी है,
जो आत्मा को जोड़ती है
उस दिव्य शक्ति से,
जिसे हम ईश्वर कहते हैं।
महाप्रभु का प्रेम,
संसार के दुखों का हल है,
जो हृदय की गहराइयों को छूकर,
एक नई आशा की किरण देता है।

यह पदावली,
एक दीपक की तरह,
जो अंधेरे में प्रकाश फैलाती है,

हम सभी को एकत्रित करती है,
भक्ति के अद्भुत संगम में।
चैतन्य का सन्देश,
हर जीव के लिए एक प्रेरणा है,
जिससे हर कठिनाई को पार करना है,
हमेशा प्रेम के मार्ग पर बढ़ना है।

पदावली,
एक प्रेम गीत है,
जो हमें सिखाता है कि,
हर क्षण में ईश्वर का अनुभव है,
जो हमें जोड़ता है,
एक अनंत सत्य से,
जहां हम सब हैं
एक अदृश्य बंधन में बंधे हुए।
चैतन्य महाप्रभु का पद,
एक जीवनदायिनी धारा है,
जो हमें सच्चाई और प्रेम के मार्ग पर
चलने का साहस देती है।

गुरुग्रंथ साहिब की सत्य धारा

गुरुग्रंथ साहिब,
धर्म का एक अनमोल ग्रंथ,
जिसमें बहे हैं
सच्चाई के अमृत के झरने,
हर पंक्ति में है,
प्रेम और भक्ति की महक,
जो दिलों को जोड़ती है,
सृष्टि के हर कण से।

यह ग्रंथ,
गुरुओं की वाणी का संगम,
जो हमें सिखाता है,
आत्मा की गहराइयों में उतरना,
जहां हर जीव की एकता है,
जहां भेद-भाव का कोई स्थान नहीं।
गुरुग्रंथ की आवाज,
जैसे जीवन की रागिनी,
जो जीवन के हर मोड़ पर,
आशा की किरण जगाती है।

सत्य का स्वर,
जो अंधकार को छूकर निकलता है,
एक नई दिशा में ले जाता है,
जहां मिलती है शांति,
जहां प्रेम का संचार होता है,
जहां हर प्राणी का दिल,
ईश्वर की भक्ति में रंग जाता है।

गुरुग्रंथ साहिब की वाणी,
जीवन का एक मार्गदर्शक,
जो हमें दिखाता है,
कैसे जीना है,
सादगी में, प्रेम में,
जहां अहंकार का कोई स्थान नहीं।
हर सिखाई गई बात,
एक सरल सत्य है,
जो हमें सिखाता है,
कैसे सच्चाई के मार्ग पर बढ़ना है।

इस ग्रंथ की शिक्षाएं,
सच्चाई का प्रमाण हैं,
जैसे बहती नदियां,
जो हमें निरंतर आगे बढ़ाती हैं।
गुरुग्रंथ साहिब की गूंज,
हमारे हृदय की गहराइयों में,
एक अनंत प्रेम का संचार करती है,
जो हमें जोड़ती है
एक अदृश्य बंधन में।

गुरु नानक का संदेश,
एक नई रोशनी लेकर आया,
जिसने अंधकार को मिटाकर,
भक्ति के नए अध्याय लिखे।
हर पंक्ति में बसी है,
सच्चाई का आभास,
जो हमें दिखाता है,
ईश्वर के प्रति निष्ठा का मार्ग।

गुरुग्रंथ साहिब,

एक जीवनदायिनी धारा है,
जो हमें सिखाती है,
किस तरह संगठित होना है,
किस तरह प्रेम से जीना है,
जहां हर दिल में बसी हो,
एक अद्भुत भक्ति की गूंज।

यह ग्रंथ,
एक महासागर की तरह,
जो हमें अपने अंदर समाहित करता है,
जहां हम सब हैं,
एक ही धागे से बंधे हुए,
एक अदृश्य सत्य के अनुरूप,
जो हमें दिखाता है
जीवन का वास्तविक अर्थ।

गुरुग्रंथ साहिब,
एक अमृत की बूँद है,
जो जीवन की राहों में,
प्रेम और सच्चाई का संचार करती है,
और हमें जोड़ती है
उस अनंत सत्य से,
जहां हम सब हैं
एक परिवार की तरह।

कंबन रामायण का महाकाव्य

कंबन रामायण,
एक अद्भुत कथा,
जिसमें छिपा है प्रेम का सार,
धर्म और सत्य की अनुगूंज।
कंबन की लेखनी ने,
राम की कहानी को
सजीव कर दिया,
जैसे सूरज की पहली किरण,
जो अंधकार को छांटती है।

यहां है राम,
एक आदर्श पुरुष,
धर्म का प्रतीक,
जो निष्ठा से भरा,
हर कठिनाई का सामना करता है।
सीता,
प्रेम की अवतार,
जो सत्य और साहस का
जीवित प्रमाण है।
रावण,
जो बुराई का प्रतीक,
पर उसकी भी अपनी कहानी है,
जो हमें बताती है,
अहंकार का परिणाम।

कंबन की लेखनी,
हृदय को छू लेने वाली,
प्रेम, त्याग, और भक्ति की महक,

हर पंक्ति में बहती है।
राम का वनवास,
साधना का एक अनोखा अध्याय,
जहां मित्रता की ताकत,
हर कठिनाई को पार करती है।

हनुमान,
जो विश्वास और भक्ति का
अद्भुत उदाहरण,
राम के प्रति समर्पित,
जो हर संकट में
साथ खड़ा होता है।
उसकी भक्ति,
सिर्फ एक साधक की नहीं,
बल्कि जीवन के हर रंग में
प्रेम का प्रतीक है।

कंबन की वाणी,
हमारे भीतर एक लहर पैदा करती है,
जहां प्रेम और धर्म का संगम,
हमारे जीवन का सार बन जाता है।
रामायण की कथा,
केवल एक कहानी नहीं,
बल्कि एक जीवन पद्धति है,
जो हमें सिखाती है,
कैसे जीना है सच्चाई से।

यह महाकाव्य,
नैतिकता का एक अद्भुत पाठ है,
जो हमें बताता है,
कैसे हर परिस्थिति में

धर्म का पालन करना है।
कंबन का रामायण,
हमारे दिलों में एक अग्नि जलाता है,
जो हमें प्रेरित करता है,
सच्चाई और प्रेम के मार्ग पर।

कंबन की अद्भुत छवि,
जो समय के साथ-साथ चलती है,
हर पीढ़ी को बताती है,
कैसे रावण के अहंकार को,
राम के प्रेम से समाप्त किया जा सकता है।
यह कथा,
सिर्फ एक आदर्श जीवन का नहीं,
बल्कि प्रेम का अमृत भी है,
जो हमें दिखाता है
जीवन का असली महत्व।

कंबन रामायण,
एक जीवंत दस्तावेज,
जो हमें सिखाता है,
धर्म, प्रेम और त्याग के बारे में,
जैसे एक मूरत,
जो हर दिल में बसी रहती है,
एक प्रकाश की तरह,
जो हमें हमेशा आगे बढ़ाता है।

विनयपत्रिका का तुलसी प्रणाम

विनयपत्रिका,
तुलसी की करुणा का स्वरूप,
जिसमें बहे हैं
प्रेम, भक्ति और सच्चाई के नाद।
यह केवल एक ग्रंथ नहीं,
बल्कि जीवन का एक मार्गदर्शक,
जो हमें दिखाता है
कैसे भक्ति का हर पल,
ईश्वर की ओर एक कदम है।

तुलसी,
जिनकी लेखनी में बसी है
आत्मा की गहराई,
जहां सच्चाई का प्रकाश
हर अंधकार को छांटता है।
विनय का भाव,
जो दिल से निकलता है,
एक साधक की प्रार्थना,
एक भक्त का भजन।

हे राम,
तेरे चरणों में बसा है
संसार का हर सुख,
तेरे नाम का जप,
हर दुख की दवा है।
तुलसी की विनय,
एक दिव्य कड़ी,
जो भक्ति की ऊंचाईयों को छूती है,

जैसे चाँद की रोशनी,
जो रात की काली चादर को
चमकदार बना देती है।

विनयपत्रिका की पंक्तियां,
साधना का अभिव्यक्ति,
जो हमें सिखाती हैं
किस तरह समर्पण का भाव,
ईश्वर की कृपा को आमंत्रित करता है।
हर शब्द में है,
भक्ति की गहराई,
एक साधक की पुकार,
जो अपनी आत्मा को
ईश्वर के चरणों में समर्पित करता है।

तुलसी की विनय,
प्रेम का असीम समुद्र,
जिसमें हर जीव का
धड़कता है दिल।
भक्ति की लहरें,
हमें ले जाती हैं
एक अदृश्य बंधन में,
जो हमें जोड़ता है
सच्चाई और प्रेम के धागे से।

विनयपत्रिका,
एक अमृत की धार,
जो जीवन को
एक नया आयाम देती है।
हर पंक्ति में छिपा है
एक अद्भुत संदेश,

जो हमें याद दिलाता है
किस तरह प्रेम और भक्ति
संसार के हर दुख को मिटा सकती है।

हे तुलसी,
तेरे शब्दों में है
एक अद्भुत शक्ति,
जो हर हृदय को,
ईश्वर के प्रेम में रंग देती है।
विनयपत्रिका की वाणी,
हमारे जीवन में एक दीप जलाती है,
जो हमें सिखाती है
सच्चाई के मार्ग पर चलने का साहस।

यह ग्रंथ,
सिर्फ भक्ति का अभिव्यक्ति नहीं,
बल्कि जीवन का एक मंत्र है,
जो हमें एक नई दिशा देता है,
जहां हर दिल में बसी है,
एक अद्भुत भक्ति की गूंज।
तुलसी की विनय,
हमारे अस्तित्व का सार,
जो हमें सिखाता है
कैसे जीना है,
हर पल में भक्ति का अनुभव करना है।

अन्य महत्वपूर्ण हिन्दू ग्रंथ

हिन्दू धर्म के विभिन्न ग्रंथों में गहराई, ज्ञान, और भक्ति के सिद्धांतों का समावेश है। यहां पर कुछ महत्वपूर्ण ग्रंथों का संक्षिप्त परिचय दिया गया है:

1. अष्टावक्र गीता:

संक्षिप्त परिचय: अष्टावक्र गीता एक तात्त्विक संवाद है, जिसमें ऋषि अष्टावक्र ने राजा जनक को आत्मा की प्रकृति और अद्वैत वेदांत के सिद्धांतों का उपदेश दिया है। यह ग्रंथ ज्ञान, विवेक, और मोक्ष की प्राप्ति के लिए मार्गदर्शन प्रदान करता है। इसमें आत्मा के शाश्वत और अविनाशी स्वरूप का वर्णन किया गया है।

2. योगवासिष्ठ:

संक्षिप्त परिचय: योगवासिष्ठ एक अद्वितीय ग्रंथ है, जिसमें भगवान राम और ऋषि वासिष्ठ के बीच संवाद है। यह ग्रंथ योग, ध्यान, और तत्त्वज्ञान के सिद्धांतों का वर्णन करता है। इसमें जीवन के अर्थ, ब्रह्म के स्वरूप, और मोक्ष की प्राप्ति के लिए आवश्यक ज्ञान का विवेचन किया गया है। यह ग्रंथ अद्वैत वेदांत का महत्वपूर्ण आधार भी है।

3. हठयोग प्रदीपिका:

संक्षिप्त परिचय: हठयोग प्रदीपिका स्वामी स्वात्माराम द्वारा रचित एक महत्वपूर्ण योग ग्रंथ है। इसमें हठयोग के सिद्धांत, आसनों, प्राणायाम, और साधनाओं का विस्तृत वर्णन है। यह ग्रंथ योग साधकों के लिए मार्गदर्शन प्रदान करता है और शारीरिक,

मानसिक, और आत्मिक स्वास्थ्य की प्राप्ति के लिए आवश्यक तकनीकों का विवरण देता है।

4. शिव सहिंता:

संक्षिप्त परिचय: शिव सहिंता एक तांत्रिक ग्रंथ है, जिसमें भगवान शिव के विभिन्न रूपों और शक्तियों का वर्णन है। यह ग्रंथ शिव तंत्र और सिद्धियों के साधना के लिए मार्गदर्शन प्रदान करता है। इसमें मंत्र, अनुष्ठान, और साधना के विभिन्न पहलुओं का विस्तार से वर्णन किया गया है। शिव सहिंता तंत्र साधना के क्षेत्र में महत्वपूर्ण स्थान रखती है।

ये ग्रंथ हिन्दू धर्म और संस्कृति के विभिन्न पहलुओं को समझने और आत्मिक उन्नति के लिए मार्गदर्शन प्रदान करते हैं। इनके अध्ययन से व्यक्ति के जीवन में ज्ञान, भक्ति, और साधना का महत्व समझा जा सकता है।

5. अधोरपंथ: यह भारतीय धार्मिक और सांस्कृतिक परंपराओं में उन समुदायों को संदर्भित करता है जो मुख्यधारा के धर्मों से भिन्न साधना पद्धतियाँ अपनाते हैं। इनमें तांत्रिक, नागा, कापालिक और अन्य गूढ़ साधना पद्धतियाँ शामिल हैं, जो रहस्यवादी और उग्र साधनाओं पर केंद्रित हैं।

6. आजीवक दर्शन: आजीवक एक प्राचीन भारतीय संप्रदाय था जिसकी स्थापना महावीर स्वामी के समकालीन मक्कलि गोसाल ने की थी। यह संप्रदाय नियतिवाद (डेस्टिनि) में विश्वास रखता था और मानता था कि जीवन में सबकुछ पूर्व निर्धारित है। आजीवकों ने आत्मा और पुनर्जन्म के सिद्धांत को मान्यता दी, लेकिन कर्म की स्वतंत्रता को नकारते थे।

7. चार्वाक दर्शन: चार्वाक या लोकायत दर्शन प्राचीन भारतीय भौतिकवादी और नास्तिक विचारधारा है जो भौतिक संसार को ही वास्तविक मानती है। यह दर्शन सुखवादी और तर्कसंगत विचारों पर आधारित है, जो पुनर्जन्म, मोक्ष, और ईश्वर के अस्तित्व को नकारता है। यह जीवन में केवल इंद्रियों के सुख और तर्क को महत्व देता है।

8. अर्थशास्त्र: चाणक्य (कौटिल्य) द्वारा रचित अर्थशास्त्र एक प्राचीन भारतीय ग्रंथ है जो राजनीति, प्रशासन, कूटनीति, और अर्थनीति के सिद्धांतों पर आधारित है। इसमें राज्य संचालन, अर्थव्यवस्था, कानून, और साम्राज्य विस्तार के विषयों पर विस्तृत विचार प्रस्तुत किए गए हैं। इसे भारतीय राजनीति और प्रशासनिक विज्ञान का आधारभूत ग्रंथ माना जाता है।

9. अष्टाध्यायी: पाणिनी का यह ग्रंथ संस्कृत भाषा का सबसे प्राचीन और व्यवस्थित व्याकरण है। इसमें संस्कृत के आठ अध्यायों में विभाजित सूत्रों के माध्यम से संस्कृत भाषा की संरचना, व्याकरण, और रूपविधान का विवरण दिया गया है। अष्टाध्यायी को व्याकरण का आधारभूत ग्रंथ माना जाता है और इसका प्रभाव आज तक देखा जा सकता है।

10. पंचतंत्र: पंचतंत्र एक प्राचीन भारतीय नैतिक कथा ग्रंथ है जिसमें विष्णु शर्मा ने नीति और ज्ञान की शिक्षा देने के लिए जानवरों की कथाओं का प्रयोग किया है। ये कथाएँ जीवन में कुशलता, नीति, और व्यवहारिक ज्ञान को सिखाती हैं और आज भी बच्चों और युवाओं में लोकप्रिय हैं।

11. हितोपदेश: यह पंचतंत्र के समान एक नीति-कथा ग्रंथ है जो संस्कृत में लिखा गया है। इसमें नीति और सदाचार की शिक्षा देने के लिए विभिन्न कथाओं का उपयोग किया गया है। हितोपदेश की

कहानियाँ मनोरंजक होते हुए भी नैतिकता और व्यवहारिकता का संदेश देती हैं।

12. नीतिशास्त्र: महाभारत का एक भाग, विदुर नीति महात्मा विदुर के द्वारा दिए गए नीति, धर्म और राजनीति पर आधारित शिक्षाओं का संग्रह है। इसमें जीवन, समाज, राज्य और धर्म के विभिन्न पक्षों पर ज्ञानवर्धक बातें कही गई हैं, जो आज भी प्रेरणादायक मानी जाती हैं।

अष्टावक्र गीता की गूढ़ता

अष्टावक्र गीता,
ज्ञान का वह अमूल्य धरोहर,
जो शांति के सागर में
अविचल दृष्टि का प्रकाश है।
वह संवाद,
जो अष्टावक्र और जनक के बीच
संपन्न हुआ,
जहाँ आत्मा के रहस्यों का
उदघाटन हुआ,
सत्य और असत्य का भेद
स्पष्ट हुआ।

यह गीता,
न केवल शब्दों का खेल है,
यह है आत्मा की गहराई में
उतरने का निमंत्रण,
जहाँ हर विचार,
हर अनुभूति का
समापन होता है
अपने सच्चे स्वरूप में।
यह उपदेश है,
जिसमें बंधनों का
विसर्जन होता है,
जहाँ संसार की माया
केवल एक छाया बनकर
रह जाती है।

अष्टावक्र,

जो स्वयं भिन्नता का प्रतीक,
ब्रह्म का अद्वितीय स्वरूप
बताते हैं।
  "जो तुम सोचते हो,
वह तुम नहीं हो,"
यही तो ज्ञान की कुंजी है,
जो हर बंधन को
मिटा देती है।
यह अद्वितीयता की धारा है,
जहाँ आत्मा अपने
शुद्धतम रूप में
अवस्थित होती है।

जनक,
जो राजा होते हुए भी,
संसार के माया-जाल से
मुक्ति का मार्ग खोजते हैं।
उनका संवाद,
जो ज्ञान के मार्ग पर
आत्मा की गहराई को
छू जाता है,
यह एक नई दृष्टि
का संचार करता है।
हर प्रश्न का उत्तर,
हर शंका का समाधान,
बुद्धि के प्रकाश से
पूर्ण होता है।

  "अज्ञानी जो है,
वह केवल अहंकार है,"
अष्टावक्र कहते हैं।

यह केवल शब्द नहीं,
यह आत्मा की पहचान है,
जो हमें हमारे
सच्चे स्वरूप से
मिलाने का प्रयास करती है।
यह समर्पण का भाव है,
जो जीवन के हर अनुभव को
एक नई दृष्टि में
देखने का अवसर देता है।

यह गीता,
समर्पण का उद्घाटन करती है,
जहाँ हर कर्म में
ईश्वर की अनुकंपा छिपी है।
  "कर्म करो,
पर फल की इच्छा मत रखो,"
यह वह सूत्र है
जो जीवन को
संतुलित और सहज बनाता है।
यह मार्ग है,
जो ध्यान की गहराइयों में
ले जाता है,
जहाँ आत्मा की
असली पहचान होती है।

अष्टावक्र गीता,
यह केवल एक ग्रंथ नहीं,
यह ज्ञान की वह रोशनी है
जो अंधकार को चीरती है,
जहाँ हर जिज्ञासा का
उत्तर उपलब्ध है,

जहाँ हर आत्मा
अपनी पहचान को
खोजती है।
यह उपदेश है,
जो हमें सिखाता है
कि संसार केवल एक
माया का खेल है,
और हमारी असली पहचान
हमारी आत्मा में है।

यह संवाद,
जो अनंतता की ओर
इशारा करता है,
जहाँ भौतिकता का
कोई स्थान नहीं,
केवल एक साधना है
जो आत्मा को
उसके शुद्ध रूप में
स्थापित करती है।
यह गीता,
जीवन का सार है,
जो हर युग में
प्रासंगिक बनी रहेगी।

अष्टावक्र,
जो ज्ञान के लिए
संपूर्ण ब्रह्मांड का
प्रतिनिधि बनते हैं,
उनका उपदेश,
जो समय की सीमाओं को
चीरकर,

हर मानव के हृदय में
अवस्थित है।
यह ज्ञान का संचार,
यह आत्मा की गहराई में
उतरने का मार्ग है,
जो हर व्यक्ति को
उसकी पहचान में
साक्षात्कार कराता है।

यह गीता,
हर साधक के लिए
एक पथ प्रदर्शक है,
जो उसे उसके
सच्चे स्वरूप का
ज्ञान कराता है।
यह केवल एक ग्रंथ नहीं,
यह आत्मा की
अनंत यात्रा का
एक चरण है,
जहाँ हर व्यक्ति
अपने भीतर के
सत्य का अनुभव करता है।

अष्टावक्र गीता,
जिसमें अद्वितीयता और
सत्य का समागम है,
यह वह ज्ञान है
जो जीवन को
एक नई दिशा देता है,
जो हर बंधन को
मिटाकर,

आत्मा को उसकी
शुद्धता में
स्थापित करता है।
यह अद्भुत ग्रंथ,
हमेशा के लिए
ज्ञान का दीपक
बनकर रहेगा।

योगवासिष्ठ का ज्ञान

योगवासिष्ठ,
ज्ञान की गहराई का स्रोत,
जिसमें समाहित हैं
जीवन के अनगिनत रहस्य।
एक संवाद,
राम और गुरु वसिष्ठ के बीच,
जहाँ तत्व और अस्तित्व
का अद्भुत मिलन होता है।
यह केवल एक ग्रंथ नहीं,
यह आत्मा की यात्रा का
एक अनवरत मार्ग है।

अवधारणा,
जिसमें जगत की माया
और ब्रह्म का अद्वितीय रूप
स्पष्ट होता है।
 "तुम वही हो,
जो सोचते हो,"
यह सूत्र जीवन के
गूढ़तम अर्थों को
खोलता है।
एक साधक,
जो अपने भीतर के
सत्य को खोजता है,
उसकी यात्रा यहीं से
शुरू होती है।

विसंगतियों से भरी

इस दुनिया में,
जहाँ हर पल
एक नया भ्रम है,
योगवासिष्ठ हमें सिखाता है
कि असली ज्ञान
आत्मा के भीतर है।
जगत का स्वरूप
एक सपना मात्र है,
जिसे हम सत्य समझते हैं,
लेकिन सत्य तो है
हमारे भीतर का प्रकाश।

विचारों का यह महाग्रंथ,
जो समय और काल
के पार है,
हमें बताता है
कि हर अनुभव
सिर्फ एक दृष्टिकोण है।
संसार के सारे बंधन,
हमारे मन की रचना हैं,
और जब हम
मन के इस जाल को
तोड़ देते हैं,
तब स्वतंत्रता की
नई गहराई में
प्रवेश करते हैं।

राजा राम,
जो जीवन के संघर्षों में
सच्चाई की खोज में
निकलते हैं,

उनका मार्गदर्शन
महर्षि वसिष्ठ करते हैं।
यहां विचारों की बुनाई,
संशय और संकोच का
विसर्जन होता है,
यहां हर शंका का
समाधान सरलता में है।

 "कर्म करो,
पर फल की अपेक्षा मत करो,"
यह अद्भुत उपदेश
हमें सिखाता है
कि सच्चा कर्म
निर्विकार मन से किया जाता है।
जब हम
अपने कार्यों में
सच्चे होते हैं,
तब हर बाधा
स्वयं ही
हमसे दूर हो जाती है।

योगवासिष्ठ,
जो केवल शब्दों की
खिलवाड़ नहीं,
यह एक अनुशासन है,
जो हमें स्वयं से
जोड़ता है।
हमारी सोच,
हमारी भावनाएँ,
हर चीज़ की
गहराई में जाकर,

हमें हमारे
सत्य स्वरूप का
अनुभव कराती हैं।

यह शास्त्र,
जीवन का सार है,
एक ऐसा मार्ग
जो हमें ज्ञान की
असीम गहराइयों में
ले जाता है।
यहां आत्मा के
स्वरूप को जानने की
पल-पल की
साधना होती है,
जहां ध्यान की
शांत धारा में
संसार के सारे दुख
मिट जाते हैं।

ज्ञान का यह महासागर,
जहाँ हर बूँद में
सत्य का प्रतिपादन है,
हमें सिखाता है
कि असली युद्ध
सिर्फ मन से होता है।
जब मन को
विजय प्राप्त हो जाती है,
तब हम अपने
सच्चे स्वरूप में
स्थापित होते हैं।

योगवासिष्ठ,
यह केवल एक ग्रंथ नहीं,
यह जीवन की यात्रा
का अनंत सफर है,
जो हमें हमारी
असली पहचान से
जुड़ने का मार्ग
प्रदर्शित करता है।
यह हमें बताता है
कि असली स्वतंत्रता
भीतर से आती है,
जब हम माया के जाल
को पहचान लेते हैं।

यह संवाद,
जो सदियों से
मनुष्यता के लिए
एक दीपक बना है,
हमें प्रेरित करता है
अपने भीतर के
सत्य को खोजने के लिए।
योगवासिष्ठ,
जिसमें समाहित हैं
जीवन के हर पहलू का
ज्ञान,
यह केवल शब्दों का
संग्रह नहीं,
यह आत्मा की गहराई में
उतरने का मार्ग है।

एक पवित्र ग्रंथ,

जो हर युग में
प्रासंगिक रहेगा,
हमें हमारे
सच्चे स्वरूप का
ज्ञान कराने के लिए,
जहां हर साधक,
हर खोजी,
अपने अंतर्मन की
खोज में
अविचल रहता है।
योगवासिष्ठ,
हमेशा के लिए
ज्ञान की एक
अनमोल धरोहर बना रहेगा।

हठ योग प्रदीपिका की शक्ति

हठ योग प्रदीपिका,
आध्यात्मिकता का एक दीप,
जिसकी रोशनी में
हमारे भीतर का अंधकार
दूर हो जाता है।
यह एक मार्गदर्शक,
जो योग के गूढ़ रहस्यों को
खोलता है,
जहाँ मन, शरीर,
और आत्मा का मिलन
एक नए आयाम में होता है।

यह पुस्तक,
एक साधक की यात्रा,
जो आसनों और प्राणायामों से
शुरू होती है,
गहरी साँसों के साथ,
जैसे जीवन की ऊर्जा
शरीर में प्रवाहित होती है।
शांत मन,
आनंदित हृदय,
यह सब
हठ योग के माध्यम से
संभव हो पाता है।

कभी कठिनाई,
कभी साधना की
पकड़ में आना,

पर योग का यह मार्ग
हमें सिखाता है
कि कठिनाई में भी
शक्ति छिपी होती है।
यह एक शारीरिक अभ्यास नहीं,
यह एक मानसिक स्थिति है,
जहाँ हर सांस में
जीवन का अनुभव
महसूस होता है।

सिद्धियों की प्राप्ति,
एक पवित्रता,
जो साधक के
अवचेतन में
सुरक्षित रहती है।
सभी भृक्तियों को
सामंजस्य में लाना,
जिससे हृदय में
शांति का अनुभव हो,
और आत्मा का संयोग
संसार से
बिना भेदभाव के
संघर्ष करती है।

आसन,
प्राणायाम,
ध्यान,
सब एक प्रक्रिया,
जिसमें साधक अपने
अंतर्मन के गहराई में
उतरता है।

यह एक यात्रा,
जहाँ समर्पण की
महत्ता होती है,
जहाँ हर स्थिति में
आध्यात्मिकता का
अनुभव होता है।

हठ योग प्रदीपिका,
एक ज्ञान का समुद्र,
जहाँ हर लहर में
सिद्धियों का सागर है।
यह हमें बताता है
कि शारीरिक शक्ति
के साथ-साथ
मानसिक दृढ़ता
भी आवश्यक है।
यह एक संतुलन है,
जो जीवन के
हर पहलू को
समग्रता में लाता है।

प्रकृति के साथ
संवाद,
जिसमें हर तत्व
एक दूसरे से
जुड़ा हुआ है।
हमें सिखाता है
कि मन की शांति
बिना प्रकृति के
संयोग के
संभव नहीं है।

यह योग का मार्ग
हमें सिखाता है
कि हर सांस
हमारी पहचान है,
एक अनंत यात्रा का
प्रतिनिधित्व करती है।

हठ योग प्रदीपिका,
एक साधक का साथी,
जो हमें सिखाता है
कि हम केवल
शरीर नहीं,
बल्कि एक संपूर्णता हैं।
यह ज्ञान,
जो मन, शरीर,
और आत्मा का
एकत्रित रूप है,
हमें आत्मा की गहराई में
उतरने का
अवसर देता है।

हर आसन,
हर प्राणायाम,
हर मुद्रा,
एक साधना है,
जो हमें सिखाती है
कि हम स्वयं को
कैसे पहचानें।
यह हमें बताता है
कि सच्चा योग
सिर्फ शारीरिक अभ्यास नहीं,

यह एक जीवन जीने
का तरीका है।

योग की यह धारा,
जो हमें प्रेम,
शांति,
और समर्पण का
अनुभव कराती है,
हठ योग प्रदीपिका,
एक अद्भुत गहना है,
जो साधक के हृदय में
सचाई की
एक नई रोशनी
पैदा करता है।
यह योग का
एक दिव्य अनुभव है,
जो हर पल हमें
जीने का
एक नया अर्थ
देता है।

शिव संहिता का विज्ञान

शिव संहिता,
एक दिव्य ग्रंथ,
जिसमें छिपा है
ब्रह्मा और शिव का
गूढ़ संवाद।
यह एक अनंत कथा,
जो हमें सिखाती है
सृष्टि के रहस्यों को,
आध्यात्मिकता की
गहराई में उतरना।

शिव,
जो संहारक और
सर्जक हैं,
उनकी लीलाओं में
लिपटी हैं,
संसार की सच्चाइयाँ।
तांडव की थाप में,
ब्रह्मांड की धड़कन,
जीवन के चक्र को
घूमाती है।
कभी शांत,
कभी उग्र,
शिव की उपासना में
हम खो जाते हैं।

संयोग और वियोग,
प्रेम और भक्ति,

यह सब शिव संहिता
में समाहित हैं।
जहाँ ध्यान की
माध्यम से
सत्य का साक्षात्कार
संभव होता है।
योग की विधि,
जो मन और
शरीर को
एकता में लाती है,
हमें आत्मा की
गहराई में
उतारती है।

शिव की भक्ति,
जो हर कठिनाई
को पार कर जाती है,
एक साधक की
सच्ची पहचान
बना देती है।
उनकी माया में,
जो संसार का
हर रंग समाहित है,
हमें सिखाती है
कि भक्ति का मार्ग
कभी आसान नहीं,
पर जो प्रयास करता है,
वह सच्चा भक्त है।

शिव संहिता का ज्ञान,
एक अनंत यात्रा,

जो हमें ले जाती है
आध्यात्मिकता के
अवशेष में।
यह हमें बताती है
कि भक्ति के साथ
सत्य का अनुभव
कितना गहरा है।
ध्यान और साधना,
जो हमारे मन को
शांत करते हैं,
हमें दिखाते हैं
आत्मा का प्रकाश।

शिव की जटाओं में,
जो ब्रह्मा, विष्णु
और शंकर का
संयोग है,
हमें दिखाते हैं
जीवन की विविधता।
हर तंतु में,
हर श्वास में
हम अनुभव करते हैं
शिव का अनंत प्रेम।

यह संहिता,
जो जीवन के
हर पहलू को
प्रकाशित करती है,
हमें सिखाती है
कि हम सिर्फ शरीर नहीं,
हम एक अंश हैं

उस अद्वितीय सृष्टि का,
जो हर तत्व में
प्रतिबिम्बित है।

शिव संहिता,
एक साधक की गाथा,
जो उसे बताती है
कि प्रेम, भक्ति और
ज्ञान का संगम
कितना आवश्यक है।
यह एक अंतर्मुखी यात्रा है,
जहाँ हम अपने हृदय में
शिव को खोजते हैं,
उनकी उपस्थिति का
अनुभव करते हैं।

यह ज्ञान की
एक गहरी नदी,
जो हमें सिखाती है
किस प्रकार हम
शिव के साथ
एकता का अनुभव
कर सकते हैं।
हर श्वास,
हर विचार,
हर अनुभव में
शिव का साक्षात्कार
हमारा भाग्य है।

शिव संहिता,
जो जीवन की

हर गहराई में
प्रकाशित होती है,
हमें एक नई दृष्टि
देती है।
यह एक साधक का
पथप्रदर्शक है,
जो हमें सिखाता है
सच्ची भक्ति और
आध्यात्मिकता का
अनुभव करना।

अघोरपंथ का रहस्य

तुम खड़े हो
संस्कारों के हर बंधन को तोड़ते हुए,
जहां कोई सीमा नहीं,
न कोई नियम,
केवल असीम आकाश है
और धरती की धूल
जिसे तुमने अपने भीतर समा लिया है।
अघोर,
तुम वही देखते हो
जो दूसरों की आंखों से ओझल है,
तुम्हारा मार्ग
समान्य पथ नहीं
बल्कि अज्ञात का अंधकार है,
जहां जीवन और मृत्यु
एक ही सिक्के के दो पहलू हैं।

तुम कहते हो–
यह जगत केवल भ्रम है,
शरीर की हदें कोई मायने नहीं रखतीं,
और न ही समाज के नियम,
तुमने सब कुछ त्याग दिया है
ताकि तुम असली सत्य को छू सको।
शमशान तुम्हारा मंदिर है,
राख तुम्हारी माला,
और मृत्यु–
तुम्हारे ध्यान की चरम साधना।

तुम हंसते हो

उस दुनिया पर
जो सुन्दरता और शुद्धता के आडंबर में जीती है,
तुम देख चुके हो
उस पार की वास्तविकता,
जो नग्न है,
निराकार है,
जिसमें कोई रेखा नहीं
सही और गलत की,
पवित्र और अपवित्र की।

तुम खोजते हो
उस परम का स्वरूप
जो न शिव है
न शक्ति,
न जीव है
न जड़,
बल्कि वह सब कुछ है
जो नाम और रूप से परे है।
तुम्हारी साधना
वह ज्वाला है
जो जलाती है
हर मोह,
हर लालसा,
हर पहचान।
तुम जलते हो
अपने भीतर के अंधकार को प्रकाश में बदलने के लिए,
जैसे आग जलती है
बिना किसी द्वेष के,
बिना किसी डर के।

अघोर,

तुम्हारे लिए शव कोई अंत नहीं
बल्कि शुरुआत है–
जीवन की परतों को उधेड़ने का,
मृत्यु की गहराई में उतरने का।
तुम बैठते हो उस सत्य के सामने
जो सबको डराता है,
और उसे गले लगाते हो
जैसे कोई पुराना दोस्त
जिसे तुमने सदियों से जाना है।
तुम्हारे लिए यह शरीर
मिट्टी है,
और मिट्टी से ही
तुमने अपनी आत्मा को जोड़ा है।

तुम कहते हो–
हर चीज़ में शिव है,
हर चीज़ में शक्ति है,
क्योंकि शिव वही हैं
जो घोर से परे हैं,
और तुम–
अघोर हो,
जो न घृणा करता है,
न आकर्षण में बंधता है,
बस तटस्थ रहता है
उस शून्य में
जहां से यह सृष्टि निकली है
और जहां यह समा जाएगी।

तुम्हारी साधना
न तो आश्रय मांगती है
न तो छांव,

बस एक यात्रा है
उस सच्चे स्वरूप की ओर
जहां तुम और शिव
एक ही हो जाते हो,
जहां कोई द्वैत नहीं
न कोई भेद,
केवल मौन है,
गहरा मौन,
जिसमें सब कुछ
समा जाता है
और फिर
शून्य में विलीन हो जाता है।

तुम उसी शून्य के पुजारी हो,
अघोर,
जहां हर चीज़
अपनी परछाई खो देती है
और
वह बचता है
जो शाश्वत है,
अविनाशी है,
अघोर है।

आजीवक दर्शन का सत्य

तुम खड़े हो
कर्म के बंधनों के पार,
जहां न कोई चुनाव है,
न कोई स्वतंत्रता।
यह जीवन
बस एक धारा है,
जो बह रही है
अपने तयशुदा मार्ग पर,
कभी तेज,
कभी धीमी,
परंतु अडिग,
बिना किसी परिवर्तन के।

तुम कहते हो–
नियति है वह रेखा
जो हर क़दम से पहले खींच दी गई है,
हम उसके राहगीर मात्र हैं,
बिना किसी दिशा-निर्देशक शक्ति के,
बिना इच्छा या प्रयास के।

तुम्हारे लिए
यह जगत एक अनवरत गति है,
जहां हर पत्ता,
हर श्वास,
हर गिरती बूंद
पहले से निर्धारित है।
हम हाथ उठा सकते हैं,
पर वे हाथ किसी ओर मुड़ेंगे नहीं,

हमारी सारी इच्छाएं,
सारे सपने
एक पूर्व-निर्धारित राह पर चले जा रहे हैं
जैसे किसी पुरानी पगडंडी के निशान।

तुम्हारे सिद्धांत में
कोई ईश्वर नहीं,
कोई सृष्टिकर्ता नहीं,
सिर्फ़ कर्म का चक्र है,
जो चलता है,
सदैव चलता रहेगा,
बिना रुके,
बिना किसी शोर के।
तुमने ईश्वर की सत्ता को नकारा,
नकारा हर उस आवाज़ को
जो कहती थी
कि हम अपने भाग्य के विधाता हैं।

तुम हंसते हो
उस पर जो कहता है
कि प्रयत्न से सब कुछ बदल सकता है।
तुम्हारे लिए प्रयत्न
बस एक और कदम है
जो उसी दिशा में उठेगा
जहां पहले से लिखा है।
तुम्हारा यह जीवन,
और यह शरीर,
केवल उन धागों से बने हैं
जिन्हें कोई देख नहीं सकता,
पर जो हर क़दम को नियंत्रित करते हैं।

आजीवक,
तुम्हारी दुनिया में
विरक्ति नहीं है,
सिर्फ़ एक स्थिर स्वीकृति है,
जहां कोई संघर्ष नहीं,
कोई मोह नहीं।
जीवन की बेतरतीब चाल
बस एक लंबी यात्रा है
जो हम तय करते हैं
बिना यह सोचे
कि यह कब ख़त्म होगी
या हमें कहां ले जाएगी।

तुम कहते हो,
सब कुछ वही होगा
जो होना है,
और हम कुछ भी नहीं कर सकते
इस महान नाटक को बदलने के लिए।
हमारे हाथ बंधे हैं,
पर यह बंधन अदृश्य है,
जैसे हवा
जो हमारे चारों ओर बहती है
पर हमें दिखाई नहीं देती।

तुम्हारी दृष्टि में
यह जीवन
कोई चमत्कार नहीं,
कोई वरदान नहीं।
यह महज एक यात्रा है
जो शुरू होती है,
चलती है,

और अंत में
मिट जाती है
उसी धूल में
जिससे यह बनी थी।
और फिर
सिर्फ़ मौन,
गहरा मौन,
जिसमें कोई सवाल नहीं,
कोई जवाब नहीं।

चार्वाक दर्शन की दृष्टि

तुम कहते हो,
सत्य वही है
जो आँखों के सामने है,
जो स्पर्श किया जा सके,
जिसे सुना जा सके,
जिसे अनुभव किया जा सके
बिना किसी दूसरे माध्यम के।
वह हवा नहीं
जिसे हम सिर्फ़ महसूस करते हैं,
बल्कि वह मिट्टी
जिसमें जीवन की जड़ें हैं,
और जो हमारे पांव तले बिछी हुई है।

तुम्हारे लिए आत्मा एक भ्रम है,
जैसे कोई सूखा पत्ता
जो अपनी जगह छोड़
हवा के साथ बह जाता है,
निरर्थक और दिशाहीन।
पुनर्जन्म?
वह महज़ एक कहानी,
जो कभी गढ़ी गई
डर से,
या शायद इस जीवन की सीमाओं को
स्वीकार न करने के द्वंद्व से।

तुम कहते हो–
"जो सामने है, वही जीवन है,"
पर जीवन क्या है?

एक खेल जिसमें हम सभी हैं,
हर सांस के साथ घटती कहानी,
जो आख़िरकार ख़त्म हो जाएगी,
एक मोड़ पर,
जहां कोई परे नहीं देख सकता।

तुम हंसते हो उन पर
जो स्वर्ग और नरक की राहें दिखाते हैं,
जो आत्मा के बंधन में जीवन का सत्य खोजते हैं।
तुम्हारे लिए
इस शरीर से बाहर कुछ नहीं,
शरीर ही आत्मा है,
जो पिघलता है
एक दिन मिट्टी में,
जैसे राख
चिता की आग से झर जाती है
और कोई उसे याद भी नहीं करता।

तुम कहते हो,
"भोग ही जीवन का अंतिम सत्य है,
खाओ, पियो, मस्ती करो–
यही है सार।"
और फिर तुम खामोश हो जाते हो
जैसे एक सन्नाटा भर जाए
विचारों के बीच,
जहां कोई प्रश्न न उठे,
कोई उत्तर न हो।

तुम्हारा दर्शन
धरती पर क़दम जमाता है,
आकाश की ओर सिर उठाने से मना करता है।

तुम खोजते हो
वर्तमान में जीने का अर्थ,
जिसे पल-पल महसूस किया जा सके,
जिसका कोई बोझ न हो
अगली सांस तक।

यह जीवन है, तुम कहते हो,
शून्य से उठकर, शून्य में समा जाने तक
यह लय है
जो मिट्टी की धुन पर थिरकती है
और उसी में घुल जाती है।
क्या बचता है अंत में?
एक प्रश्न,
या शायद
कोई प्रश्न नहीं।

अर्थशास्त्र का विवेक

वह समय, जब ध्वंस और शोषण,
राजमहलों की दीवारों में कैद कर दिया गया था।
जब न्याय की परिभाषा,
कुर्सियों के आसन के साथ बदल जाती थी,
तब एक ऋषि ने उठाई कलम,
जो केवल वेद और शास्त्रों की नहीं,
अर्थ की थी, सत्ता की थी, राजनीति की थी।

वह खड़ा हुआ,
उसके शब्दों में वेदना नहीं,
राजनीति का प्रखर सत्य था,
वह नहीं था केवल ज्ञान के आलोक में डूबा,
वह गढ़ रहा था एक ऐसा शास्त्र,
जो शासन के रथ को स्थिर कर सके।

धन और सत्ता की चालाकियां,
सुरक्षा और प्रजा की हिफाज़त,
समाज और राष्ट्र के सूत्र,
सब उसने पिरोए एक माला में।
राजा के कर्तव्यों से लेकर,
न्याय और दंड के सिद्धांतों तक,
उसने रखी एक ठोस नींव,
जिस पर राष्ट्र का आधार खड़ा हो सके।

अर्थशास्त्र नहीं था केवल राजाओं के लिए,
वह था उन ध्वंसित सपनों के लिए,
जो प्रजा की आंखों में सुलगते थे।
वह था उन विध्वंसक विचारों के लिए,

जो सत्ता के मोह में खो जाते थे।
उसने सिखाया,
सत्ता केवल अधिकार नहीं,
कर्तव्य है, तपस्या है,
जिसे निभाने के लिए चाहिए विवेक,
जिसे ढालना होगा न्याय की तलवार में।

उसने कहा–
राजा वही है,
जो स्वयं को समर्पित करता है,
प्रजा की सेवा में,
जिसकी सत्ता, उसकी अपनी नहीं,
बल्कि देश की धारा में बहती है।
धन का संग्रह नहीं,
संपत्ति का वितरण ही उसका धर्म है,
क्योंकि अर्थ, सत्ता का मूल है,
और सत्ता, सेवा का व्रत।

चाणक्य की दृष्टि में अर्थ,
न केवल धन था,
वह समाज का चक्र था,
जो चलता है नीतियों से,
जो रुकता है शोषण से।
उसने दिया वह दर्शन,
जो न केवल सत्ता को टिकाए,
बल्कि उसे प्रजा के हित में झुका दे।

वह नहीं चाहता था राजाओं को आभूषणों में लिप्त,
वह नहीं चाहता था शासन को विलास में खोया,
वह चाहता था एक राष्ट्र,
जहां न्याय और समानता का सूर्य चमके,

जहां अर्थशास्त्र केवल शास्त्र न रहे,
बल्कि हर नागरिक के जीवन का सार बने।

आज भी,
उसकी आवाज़ गूंजती है,
किसी पन्ने पर नहीं,
हर सत्ता के गलियारे में,
जहां अर्थशास्त्र की वह लौ,
राजनीति को तपाए रखती है,
ताकि सत्ता,
प्रजा की सेवा का धर्म निभा सके।

चाणक्य का अर्थशास्त्र–
वह विचारधारा,
जो आज भी जीवंत है,
जिसकी जड़ें, हर शासन, हर राजनीति में,
गहरी समाई हैं।
वह कवच,
जो सत्ता को संयमित रखता है,
और अर्थ को अधिकार से ऊपर,
कर्तव्य का नाम देता है।

अष्टाध्यायी का व्याकरण

शब्दों का वह मूक संसार,
जहां ध्वनियों ने आकार लेना था,
जहां भाषा की असंख्य धाराएं
एक महासागर की ओर बहने को थी,
वहां खड़ा था एक ऋषि–पाणिनी,
जिसकी दृष्टि में शब्द केवल उच्चारण नहीं,
एक अनंत ब्रह्मांड थे,
हर वर्ण, हर अक्षर,
एक नया अर्थ, एक नया विधान रचता।

वह एक दिन नहीं,
अनगिनत रातों का स्वप्न था,
वह केवल व्याकरण नहीं,
संस्कृति की नींव थी।
अष्टाध्यायी–
आठ अध्यायों का वह सूत्र,
जो बुनता है भाषा को,
किसी आकाशगंगा की तरह,
हर नियम, हर नियम का उलट,
और फिर उससे उपजता नया नियम।

उसने पकड़ ली थी ध्वनियों की चाल,
उनकी गति, उनका ठहराव,
कैसे एक ध्वनि, दूसरी से मिलकर
बनाती है एक शब्द,
और फिर शब्द,
बनता है वाक्य का आधार,
संवाद का पुल,

सोच का आकाश।
वह नहीं था केवल नियमों का संग्रह,
अष्टाध्यायी था एक विचारधारा,
जो बांधता था भाषा को,
एक तार्किक अनुक्रम में।
पाणिनी ने नहीं देखा केवल ध्वनि,
उसने समझा विचार,
उसने ढूंढी वह सीमा,
जहां शब्द रुकते हैं,
और वहां से प्रारंभ होता है मौन।

उसने बांध दिए थे शब्द,
एक अनुशासन में,
वर्णों का ऐसा जाल,
जिससे निकलते थे अर्थ के सूत्र,
जिससे शब्दों ने पाया एक आकार,
जो समय से परे था।
हर ध्वनि का उसका स्थान,
हर अक्षर का अपना नियम,
हर वाक्य की अपनी सीमा,
एक ऐसी संरचना,
जो केवल पाणिनी की कल्पना में थी।

अष्टाध्यायी नहीं है केवल व्याकरण,
वह है संस्कृति का धरोहर,
वह है उस काल का दस्तावेज,
जब भाषा थी शक्ति,
जब शब्द थे अस्त्र।
उसने दिखाया,
कैसे ध्वनियों के माध्यम से
विचारों को पंख दिए जाते हैं,

कैसे संवाद को सुर दिया जाता है,
कैसे हर व्याकरण का नियम
जीवन के नियमों से जुड़ता है।

पाणिनी ने नहीं रचा केवल एक ग्रंथ,
उसने रचा भाषा का शास्त्र,
एक ऐसा शास्त्र,
जिसमें लय थी,
जिसमें ज्ञान की गहराई थी,
जिसमें हर ध्वनि एक ब्रह्म था,
और हर ब्रह्म में समाया था अनंत।

अष्टाध्यायी–
उसके हर सूत्र में बसी है सृष्टि की संरचना,
उसके हर नियम में छिपा है
वह तर्क, वह गूढ़ रहस्य,
जो शब्दों से परे जाकर
जीवन की गहराई तक पहुंचता है।
वह नहीं था केवल अक्षरों का अनुशासन,
वह था एक विचार,
एक दर्शन,
जो भाषा को देता था जीवन,
जो विचारों को देता था शब्द,
और शब्दों को देता था अनंत विस्तार।

आज भी,
उसके हर सूत्र में गूंजती है वह आवाज़,
जो हमें जोड़ती है अपनी जड़ों से,
जो हमें समझाती है,
भाषा की वह गहन संरचना,
जिसे पाणिनी ने रचा था,

जिसे उसने ध्वनियों में पिरोया था,
जिसे उसने अष्टाध्यायी के माध्यम से
अनंत काल तक के लिए
जीवित कर दिया।

अष्टाध्यायी–
एक शाश्वत यात्रा,
शब्दों से लेकर विचारों तक,
ध्वनि से लेकर संवाद तक,
जो आज भी प्रवाहित है,
जिसकी लहरें समय के पार,
हर युग में गूंजती रहेंगी।

पंचतंत्र की नीति

पंचतंत्र की कहानियाँ,
ज्ञान का अनमोल खजाना,
पंछियों के उड़ान में,
चतुराई का वरदान,
हर कहानी में छिपी,
जीवन की एक सीख,
सच्चाई की धारा,
धोखा न खाने की दीख।

एक बार की बात है,
एक बाघ, एक चालाक लोमड़ी,
संघर्ष में थी दोनों,
जीवन के खेल में अद्भुत,
बाघ ने लोमड़ी से कहा,
"तू क्यों छिपती है?"
लोमड़ी ने मुस्कुराकर कहा,
"तेरी ताकत में नहीं है तेरा साथ।"

कभी एक कौआ,
पानी के लिए प्यासा,
गड्ढे में देखा,
चमकता हुआ पानी,
लेकिन गड्ढा गहरा था,
सोचा कैसे बहेगा,
इसी तरह से सीखा,
सचाई के संग चलने का उपाय।

कभी एक गिलहरी,
एक कड़ी मेहनत में,
संग साथी को बुलाया,

एकता में ही शक्ति है,
गिलहरी ने बताया,
 "हम सब मिलकर चलें,
तब हम आगे बढ़ेंगे,
हर बाधा को पार करेंगे।"

किसी समय की बात है,
किसान की मेहनत,
खेत में लहराते,
सुनहरे फसल,
सीख मिली यहाँ,
परिश्रम का फल मीठा,
सच्चाई की राह पर,
हर कदम हो मजबूत।

पंचतंत्र की ये कथाएँ,
सिखाती हैं हमें,
जीवन के हर मोड़ पर,
सच्चाई का पालन करें,
धोखे से बचें,
चालाकी से न समझौता करें,
इस दुनिया में,
सदाचार का दीप जलाए रखें।

किसी भी कठिनाई में,
साथ का हो सहारा,
संघर्ष का न हो कभी अंत,
जीवन का हर पल हो प्यारा।
पंचतंत्र की यह शिक्षाएँ,
हमेशा बनी रहेंगी,
सिखाएंगी हमें,
सच्चाई का दीप जलाए रखना।

हितोपदेश का मार्ग

हितोपदेश की कथाएँ,
ज्ञान की गहराई में डूबी,
हर एक कहानी में छिपा है,
जीवन का अनमोल अनुभव।
कभी एक कछुआ,
धीरे-धीरे चलता हुआ,
परिश्रम से भरा,
अपनी मंजिल की ओर बढ़ता है।
वही कछुआ,
दूसरों की हंसी का कारण,
पर अंत में,
सपनों की ऊँचाइयों को छूता है।

एक दिन एक गिलहरी,
संग लाई अपनी बुद्धिमानी,
सीखने का मौका,
हर पल हर अनुभव से।
सपने में विश्वास,
सच्चाई का सहारा,
एकता में ही शक्ति है,
इसी में है असली सुख का दर्पण।

एक चतुर कौआ,
जिसने सीखा,
कि कैसे परिस्थिति में,
सही निर्णय लेना है।
पानी के गड्ढे में,
कई बार धोखा खाया,
पर अनुभव ने सिखाया,

धैर्य और चतुराई से,
हर मुश्किल का हल निकाला।

हितोपदेश की ये कहानियाँ,
सिखाती हैं हमें समझदारी,
हर मुश्किल में,
हर समस्या में,
बुद्धिमानी से चलना,
कभी हार न मानना।
सच्चाई की राह पर,
चलते रहना,
इसी से मिलेगी हमें,
सफलता की मंजिल का साक्षात्कार।

एक बार एक बाघ,
जिसने अपना अभिमान,
एक साधारण हिरण से सीखा,
मित्रता और सहानुभूति का महत्व।
इस धरा पर,
हर जीव का एक स्थान है,
संघर्ष में छिपा है,
संसार का अद्भुत अनुभव।

हितोपदेश की ये शिक्षाएँ,
जीवन के हर मोड़ पर,
धैर्य, मित्रता, और बुद्धिमानी,
हमें सिखाती हैं बढ़ना।
इन कहानियों में है,
सच्चाई का अनमोल नारा,
जीवन की जटिलताओं को समझो,
हर एक पल को जियो,
इसी में है जीवन की सार्थकता।

नीतिशास्त्र की शिक्षा

विदुर की वाणी में छिपा है,
जीवन का गूढ़ ज्ञान,
कर्म का आदर्श,
नीति का प्रामाणिक मार्ग।
महाभारत की गूंज में,
उनकी बातें गहराई से बजी,
सच्चाई, धर्म, और मानवता,
हर कठिनाई में मार्गदर्शन देती।

नीतिशास्त्र की आधारशिला,
सदाचार और विवेक की है,
जो मनुष्य को सिखाता है,
किस प्रकार चलना है सही राह पर।
कभी एक राजा,
जिसने अपनी शक्ति का दुरुपयोग किया,
विदुर ने कहा,
"शक्ति में है खतरा,
पर सच्चाई में है सुरक्षा।"

कभी एक साधारण व्यक्ति,
जो अपनों से ठगा गया,
विदुर ने समझाया,
"धैर्य और संयम रखें,
सच्चाई का मार्ग अपनाएँ,
क्योंकि यही है असली विजय।"
अहिंसा की आवाज़,
विवेक का प्रकाश,
समझदारी की कुंजी,

हर द्वार पर रखी होनी चाहिए।
विदुर की नीतियाँ,
कभी न भूलने वाली हैं,
धर्म की स्थापना का मार्ग,
हर समाज का आदर्श है।
सीखना है हमें,
सच्चे मित्रता का महत्व,
हर रिश्ते में विश्वास,
यही है मानवता की पहचान।

राजनीति की जटिलताओं में,
विदुर ने साधारणता सिखाई,
निर्णय की शक्ति,
समझदारी से भरी होनी चाहिए।
"कभी भी क्रोध न करें,"
उनकी बातों में यह था,
"क्रोध में छिपा है विनाश,
शांति में ही है असली बल।"

विदुर का नीतिशास्त्र,
जीवन की हर परीक्षा में काम आए,
कर्म और धर्म का संतुलन,
सच्चाई का अलंकार बना रहे।
संगठित समाज की स्थापना,
हर दिल में प्यार की गूंज,
विदुर की शिक्षा से,
हम सबको मिलकर चलना है आगे।

आज भी, उनकी बातें,
हर मानव के लिए प्रेरणा,
सच्चाई की राह पर चलना,

यही है उनका संदेश।
विदुर की नीतिशास्त्र में है,
जीवन का सरल मंत्र,
आओ हम सब मिलकर,
सत्य और धर्म का दीप जलाएँ।